패션MD 3
SHOWROOM

김정아 지음

패션 MD

SHOWROOM 3

21세기북스

Contents

추천사 - 8
Prologue 슈퍼 엠디의 11년 노하우를 담다 - 10

Riccardo Grassi

설립 스토리 - 25 | 리카르도그라시의 패션 철학 - 28 | 브랜드 큐레이팅 기준 - 29
리카르도그라시를 통해 소개되고 있는 브랜드 - 30
Giambattista Valli / Joshua Sanders / MSGM / N°21(RTW) / Walk of Shame
엠디 인사이트 - 40

Massimo Bonini

설립 스토리 - 44 | 마시모보니니의 패션 철학 - 47 | 브랜드 큐레이팅 기준 - 48
마시모 보니니를 통해 소개되고 있는 브랜드 - 50
Giannico / Les Petits Joueurs / Marco de Vincenzo / MSGM / N°21(Accessory)
엠디 인사이트 - 62

247 Showroom

설립 스토리 - 67 | 247쇼룸의 패션 철학 - 68 | 브랜드 큐레이팅 기준 - 69
247쇼룸을 통해 소개되고 있는 브랜드 - 70
Army by Yves Salomon / Each X Other / Sanayi313 / The Editor / Victoria Beckham
엠디 인사이트 - 77

Marcona 3

설립 스토리 - 80 | 마르코나3의 패션 철학 - 82 | 브랜드 큐레이팅 기준 - 83

마르코나3을 통해 소개되고 있는 브랜드 - 84

Attico / GCDS / History Repeats / Ih Nom Uh Nit / Represent / RtA

엠디 인사이트 - 91

Ordre

설립 스토리 - 94 | 오드르의 패션 철학 - 97 | 브랜드 큐레이팅 기준 - 99

오드르를 통해 소개되고 있는 브랜드 - 100

Angel Chen / Astrid Andersen / Dion Lee / JH. Zane / Proenza Schouler

엠디 인사이트 - 108

Paper Mache Tiger

설립 스토리 - 112 | 페이퍼마셰타이거의 패션 철학 - 116 | 브랜드 큐레이팅 기준 - 117

페이퍼마셰타이거를 통해 소개되고 있는 브랜드 - 118

Beaufille / Etre Cecile / Herculie / Petar Petrov / Solace London

엠디 인사이트 - 127

Polly King & Co

설립 스토리 - 130 | 폴리킹앤코의 패션 철학 - 132 | 브랜드 큐레이팅 기준 - 133

폴리킹앤코를 통해 소개되고 있는 브랜드 - 134

Chinti & Parker / Desingers Remix / House of Holland / Self-portrait / Studio Nicholson

엠디 인사이트 - 143

Spazio 38

설립 스토리 - 147 | 스파지오38의 패션 철학 - 150 | 브랜드 큐레이팅 기준 - 150

스파지오38을 통해 소개되고 있는 브랜드 - 152

Act n°1 / Coliac / Greta Boldini / Miahatami / Vivetta

엠디 인사이트 - 161

Studio Zeta

설립 스토리 - 165 | 스튜디오제타의 패션 철학 - 168

스튜디오제타를 통해 소개되고 있는 브랜드 - 172

Add / Au Jour Le Jour / John Richmond / L'edition / Maryling

엠디 인사이트 - 181

Tomorrow Showroom

설립스토리 - 185 | 투모로우쇼룸의 패션철학 - 190 | 브랜드 큐레이팅 기준 - 191
투모로우쇼룸을 통해 소개되고 있는 브랜드 - 194
Jourden / Merchant Archive / Ports 1961 / Stella Jean / Tibi
엠디 인사이트 - 201

Other Showrooms

88 Showroom - 204 | Four Marketing - 206 | Man/Woman Shows - 208
MC2 Diffusion - 210 | Rainbowwave Showroom - 212 | Showroom Papaveri - 214
Showroom Thomasdufour - 217 | 495 News Showroom - 218
Magazzine - 219 | ONWARD LUXURY GROUP S.p.A. - 220
Showroom Space Null - 222
Devastee / Front Street 8 / Hope / Katya Dobryakova / Mino Maestrelli
Pas de Calais / Stella in Paris / Stephan Schneider

Epilogue 무모할 것, 도전할 것, 발전할 것 - 234

추천사

서울대 러시아문학 전공과 문학박사. 패션 업계에서 이례적인 그의 학력부터가 호기심을 자극했다. 직접 만나보니 진지한 모범생 스타일일 줄만 알았던 그의 모습은 상상했던 것과 매우 달랐다. 솔직, 담백, 발랄한 것은 물론 어떤 질문을 던져도 망설임 없이 답하는 시원시원한 사람이었다. 유쾌한 첫 만남 후 나는 수입 브랜드나 글로벌 패션 시장 흐름이 궁금할 때, 의류 수입 비즈니스 관행에 미심쩍은 사안이 있을 때 종종 그에게 도움을 요청한다. 그의 객관적 조언은 기사 기획에 커다란 도움이 된다.

특히 이번 『패션 MD』 쇼룸 편 출간은 개인적으로 참 반갑다. 앞서 출간된 바잉 편과 브랜드 편에서 다룬 내용은 취재 활동을 하는 동안 어느 정도 어깨너머로 듣던 것이었다. 하지만 쇼룸 편에 실린 세계적인 쇼룸의 속사정은 오래 패션전문지 기자로 생활해온 나조차도 잘 모르고 있던 내용이다. 이 책을 통해 여러 쇼룸의 면면을 알게 됐다. 기회가 닿으면 각 쇼룸 대표들의 인터뷰 기사를 엮어보고 싶다. 물론 김정아 대표가 도와줘야 가능한 일이다.

패션업계는 매우 화려하고 개방적으로 보인다. 그러나 속내는 전혀 다르다. 의외로 변화를 싫어하는 보수적인 집

단이며 관성과 기존 데이터에 의존하는 경우가 많다. 때문에 제4차 산업혁명과 디지털 혁명, 밀레니얼 세대의 등장이라는 동시대의 화두 아래서 가장 많이 흔들리는 업종이 된 게 아닐까. 현現 시대에서 중요한 덕목은 공유, 공감, 공생, 공정이다. '공共, 함께'이거나 '공公, 바른'이어야 하는데 업계 특유의 개인주의와 폐쇄성 때문에 시대 변화에 적응하지 못하는 상황이 안타깝다.

김정아 대표의 『패션 MD』 시리즈는 동종 업계 관계자와 후배들에게는 눈물 나게 반갑고 고마운 책이다. 직접 겪어 얻은 정보를 기록하여 정리하는 작업을 계속하고, 나아가 그 지식을 책으로 공유하는 것이 얼마나 어려운 일인지 잘 아는 나로서는 더욱 감사하다.

이 책은 국내 패션 유통업계 관계자들, 수입 브랜드와 편집숍의 바이어들, 패션 아이템 '바잉'을 필요로 하는 업체, '편집'이 절실한 브랜드 기획자, MD를 희망하는 예비 취업자에 이르기까지 발품 외에 뾰족한 묘수가 없는 많은 이들에게 단비와도 같다. 자신의 경험과 지식을 기꺼이 나눠준 김정아 대표에게 뜨거운 감사의 인사를 전한다.

패션비즈 민은선 대표

Prologue

슈퍼 엠디의 11년 노하우를 담다

나의 하루에는 두 개의 시간이 공존한다. 하나는 패션 회사 CEO로서 번잡스럽게 보내는 낮 시간이고, 다른 하나는 오롯이 세상의 주인이 되는 고요한 새벽 시간이다. 낮 시간이 플라톤이 말한 그림자의 시간이라면, 새벽은 내게 이데아의 시간이다. 내 작고 예쁜 명함에는 두 개의 시간이 패션 회사 CEO와 문학박사라는 글자로 각각 새겨 있다. 패션전문가와 학자, 어딘가 어울리지 않는 조합이다.

인문학은 모든 학문의 기초다. 인문학은 나에게 생각하는 힘, 더 깊게 보는 힘, 표면 뒤의 관계를 보는 힘을 준다. 그런데 인문학과 패션, 이 두 세계는 완전히 이질적이다. 특히 정보와 경험을 나누는 정도로 비교해보면 거의 양극에 서 있다 할 수 있다.

나는 아주 오랫동안 학계에 몸담아왔다. 그것도 상아탑의 첨탑 끝이라고 해도 과언이 아닌 인문학 속에 푹 파묻혀 살아왔다. 경험과 연구를 통해 알게 된 사실은 논문을 통해 다른 학자와 나누고, 저술이나 강의를 통해 후배 학자의 더 나은 연구를 도모하는 것이 나의 기쁨이자 의무였다. 그런데 10년 전, 나는 운명에 이끌려(나의 선택이 아니었으니 운명이랄 수밖에 없다) 우연히 패션계에 발을 내딛게 되었다. 패션계는 모든 것이 '비밀'이었다. 이제는 누구나 알고 있는 코테리Coterie, 트라노이Tranoi , 화이트White 등 패션 위크를 대표하는 대형 트레이드 쇼 역시 내가 패션계에 입문했던 당시에는 '기업 비밀'이었다.

"뉴욕 패션 위크에 가고 싶은데, 뉴욕 어디로 가야 하나요?" 같은 단순한 질문에조차 어느 누구도 답해주지 않았다. 오히려 그런 질문을 하는 것 자체가 무례함이요, 무지함이라는 핀잔만 듣게 될 뿐이었다. 해답을 찾기 위해 인터넷을 뒤지고, 내가 좋아하는 대형 서점의 패션과 비즈니스 섹션을 샅샅이 뒤졌다. 하지만 답을 알려주는 책은 한 권도 없었다.

비단 우리나라뿐만이 아니었다. 영어로 된 책까지 다 찾아보았지만 답을 찾기란 쉽지 않았다. 꽤 깊은 역사를 지닌 수입 브랜드나 편집숍임에도 불구하고, 그에 대한 노하우를 나누는 책은 정말이지 단 한 권도 없었다. 도스토옙스키와 관련된 책과 논문이 매일 수백, 수천 권씩 쏟아져 나오는 학계와 달리, 패션계는 그야말로 아득히 머나먼 세계였다. 뼛속까지 인문학자인 내게 이것은 거대한 충격이었다.

초보 엠디로서 A부터 Z까지 알아야 할 게 너무 많았다. 하지만 그 어느 누구도, 그 어디서도 답을 알려주지 않았다. 시간이 지나면 알게 될 정말 별것 아닌 정보도 영업 기밀이라서 알려줄 수 없다는 경우가 많았다. 정말 맨땅에 헤딩 하듯 많은 시행착오를 거듭하며 배울 수밖에 없었다.

대대로 내려오는 가보 같은 레시피도 아니고, 또 천재적인 발명품도 아니었다. 시간과 돈을 들여 고생하면 누구나 언젠가는 알게 될 정보일 뿐인데 나누지 않다니 이해할 수 없었다. 누군가 그 정보들을 조금이라도 나누어주었다면 시간과 돈을 정말 많이 아낄 수 있을 텐데 하는 안타까운 마음에 발을 동동 구르기도 했다. 이는 정신적, 육체적, 또 물질적으로 너무 아픈 경험이었다. 후배 엠디나 뒤에 올 편집숍 오너들은 내가 했던 실수와 작은 실패들을 똑같이 경험하지 않았으면 하는 마음이 간절했다.

그래서 패션 엠디를 꿈꾸는 사람들과, 멀티숍을 운영하고자 하는 분들을 돕기 위해 『패션 MD』 바잉 편을 썼다. 『패션 MD』 바잉 편에는 패션 엠디가 한 시즌을 '어떻게' 준비하고 진행하는지에 관한 전반적인 이야기를 담았다. 나의 간절한 마음이 통한 것일까? 이 책은 '엠디들의 바이블,' '엠디들의 교과서'로 불리며 오랜 기간 분야 베스트셀러 자리를 차지했다.

  그런데 강의를 다니고 직접 독자들을 만나다 보면 좀 더 전문적이고 디테일한 부분을 궁금해했다. 많은 브랜드 중 '무슨 브랜드'를 사야 하는지 리스트를 알려줄 수는 없겠냐는 요구였다. 내로라하는 편집숍 바이어도 늘 "뭐 새로운 브랜드는 없나요?" 하고 물어오는 마당에, 일반 바이어들은 오죽 절박했을까. 그래서 『패션 MD』 브랜드 편을 내게 되었다.

  이 책은 편집숍의 아이덴티티를 주요 경향별로 묶고 각 카테고리 안에 어떤 브랜드가 있는지 소개하여 독자들이 조금 더 쉽게 브랜드에 접근할 수 있도록 구성했다. 책에 대한 반응은 정말 뜨거웠다. 많은 바이어들이 실제적인 도움이 된다며, 그들의 책상 위에 늘 꽂아놓고 찾아보는 책이라며 고마워했다.

  그런데 이번에는 "이 브랜드들을 어디 가면 살 수 있지요?"라는 새로운 질문들이 쏟아져 나왔다. 그렇다. 브랜드 편에는 바로 이 '어디서'가 빠져 있었다.

이 브랜드들을 어디 가면 살 수 있지요?

정확한 정보 전달을 목적으로 하는 기사문에는 반드시 들어가야 할 여섯 가지 요소가 있다. 패션 엠디에게 필요한 정보를 여기에 맞추어보자.

누가Who, 何人 : 패션 엠디가(『패션 MD』 바잉 편, 패션 엠디의 자질과 역할 등 참조)

언제When, 何時 : 패션 위크에(『패션 MD』 바잉 편, 주요 패션 도시의 패션 위크와 트레이드 쇼 참조)

어디서Where, 何處 :

무엇을What, 何事 : 어떤 브랜드를(『패션 MD』 브랜드 편, 카테고리별로 나눈 다양한 브랜드들 참조)

어떻게How, 如何 : 브랜드 서치와 바잉 준비 과정과 실제 바잉(『패션 MD』 바잉 편과 『패션 MD』 브랜드 편 참조)

왜Why, 何故 : 새롭고 좋은 브랜드를 선택하여 고객에게 보여주고자 바잉했다.

이 정보에 빠져 있는 "어디서"에 대한 답을 바로 이 책 『패션 MD』 쇼룸 편이 제공할 것이다.

패션 도시에서 열리는 커다란 패션 트레이드 쇼는 이미 『패션 MD』 바잉 편에서 소개한 바 있다. 패션 엠디 시리즈의 마지막인 이 책에서는, 나머지 "어디서"에 대한 답을 찾게 될 것이다. 이렇게 패션 엠디들과 패션 엠디를 꿈꾸는 수많은 패션 피플들은 『패션 MD』 시리즈 세 권만으로도, 2-3주에 수백만 원 한다는 패션 MD 아카데미보다 실제적인 정보를 훨씬 많이 손에 쥐게 되리라 확신한다. 지난 10여 년간 온갖 실수와 실패, 시행착오와 땀방울로 단단해진 슈퍼 엠디로서 겪은 일 중 엑기스만을 뽑고 또 뽑아 고스란히 적었기 때문이다. 그 어떤 노하우와 정보도 아끼거나 숨기지 않았다. 모든 것을 다 나누고자 한다.

많은 사람들이 묻는다. "패션계는 정보 공유에 그렇게 인색한 곳인데, 대체 어떻게 유명 편집숍들이 거의 똑같은 브랜드 셀렉션을 갖고 있는 건가요?", "서로의 편집숍 방문을 통해 브랜드 서치를 하고 따라 하는 것은 이해가 가지만, 첫 시즌 소개되는 브랜드조차 서로 같은데 그건 어떻게 설명할 수 있나요?", "그들 서로서로 미리 상의라도 하는 건가요?" 하고 말이다. 물론 천만의 말씀이다. 그들은 일말의 정보도 나누지 않는다. 영업 비밀이므로. 그렇다면 '바잉 엠디들끼리 텔레파시라도 통하는 걸까?' 하는 미스터리가 남는다. 이 역시 답은 '아니올시다'다.

정답은 의외로 간단하다. 국내 유명 편집숍 바이어들이 가는 곳은 정해져 있다. 아주 가끔 트레이드 쇼에서 브랜드를 발굴하기도 하지만, 우리나라의 유명 편집숍 엠디들은 대부분 유명 멀티 라벨 쇼룸을 주로 방문하고 바잉한다. 수백, 수천 개의 쇼룸이 있지만 그들이 가는 쇼룸은 손가락 안에 꼽을 수 있다. 그리고 쇼룸에서 소개되는 브랜드가 첫 시즌이라 해도, 다른 편집숍이 샀다고 하면 너도 나도 바잉한다. 유럽의 유명 쇼룸이 적극적으로 소개하면서 우리나라의 한 편집숍이 샀다고 하면 다 같이 따라 사는 것이다. 이렇게 해서, 처음 등장하는 브랜드라 하더라도 모든 편집숍들이 바잉하게 된다. 『패션 MD』 브랜드 편을 준비하며 우리나라에서 내로라하는 모든 편집숍들을 방문했다. 그들의 메인 브랜드 70-80%가 겹쳤다. 우리나라 엠디들이 조금은 반성해야 하지 않을까?

스토어에 모노 브랜드 스토어와 멀티 브랜드 스토어, 즉 편집숍이 있는 것처럼 쇼룸에도 모노 브랜드 쇼룸과 멀티 라벨 쇼룸이 있다. 편집숍에서 브랜드의 인기가 높아지고 브랜드의 컬렉션이 점차 커지면 모노 브랜드 스토어로 독립해서 나간다. 쇼룸도 마찬가지다. 처음에는 많은 브랜드가 멀티 라벨 쇼룸에서 론칭하거나 영입된다. 그 후 인기를 얻고 단단한 고객층을 확보하면 모노 브랜드 쇼룸을 직접 운영하게 되는 경우가 많다. 모노 브랜드 쇼룸의 경우 직접 컨택해서 찾아가면 되므로, 이 책에서는 편집숍 바이어들에게 중요한 멀티 라벨 쇼룸만을 소개하기로 한다.

세계에서 가장 핫한 쇼룸 톱 10

사실 많은 바잉 엠디들이 기본적으로 들르는 쇼룸은 거의 정해져 있다. 그리고 대부분은 가던 곳만 가게 된다. 하지만 가끔은 우선순위에서 제쳐놓았더라도 시간을 내서 안 가던 곳을 한 번씩 들르기를 권한다. 또 새로 문을 연 쇼룸이 있다면 일부러라도 찾아가야 한다. 그래야 가끔씩 보석 같은 브랜드를 남보다 일찍 발견할 수 있다. 재미나고 퍼텐셜potential 큰 브랜드를 제일 먼저 소개하며 앞서 가는,

차별화된 편집숍이 되길 바란다.

 따라서 편집숍 바잉 엠디들에게 쇼룸은 굉장히 중요하다. 이 책에서는 국내외 유명 편집숍 바이어들이 반드시 들르게 되는 세계에서 가장 핫한 쇼룸 톱 10을 간추린다. RTW*Ready to Wear* 로 가장 핫한 쇼룸인 리카르도그라시*Riccardo Grassi*와 가방, 슈즈 등 레더 액세서리로 가장 핫한 쇼룸인 마시모보니니*Massimo Bonini*를 시작으로 나머지 쇼룸은 알파벳 순서로 정리했다. 또 때때로 아주 신선한 브랜드를 만날 수 있는 쇼룸 6개, 미국, 홍콩, 일본의 유명한 쇼룸 각각 1개씩, 국내 멀티 라벨 쇼룸으로는 내가 운영하는 쇼룸 스페이스눌*Space Null*을 소개한다.

 파리와 밀라노는 조금 과장하면 한 집 건너 하나가 쇼룸이라 할 정도로 쇼룸이 많다. 이웃 나라 일본만 해도 쇼룸 비즈니스는 엄청나게 큰 시장이다. 하지만 우리나라에서 쇼룸 비즈니스는 거의 제로에 가까운 블루오션 시장이다. 서로가 경쟁자라 생각해서인지, 한국인은 한국인에게서 물건을 사고 싶어 하지 않는다. 이러한 인식은 쇼룸 비즈니스에 큰 장애물이 되고 있다.

 앞으로 국내 수입 비즈니스는 여러 가지 상황에 따라 국내 유통 3사에 의해 재편될 것이다. 물적, 인적 자원에 한계가 있는 중소기업이나 개인이 감당하기에는 점점 더 쉽지 않은 구조가 될 것이다. 그렇기 때문에 쇼룸 사업은 개인이나 중소기업이 하기에 좋은 유통 비즈니스가 될 것이다. 대기업뿐만 아니라 작은 수입 편집숍을 운영하는 개별 편집숍 역시 쇼룸 비즈니스의 주요 고객으로 삼을 수 있기 때문이다.

스페이스눌은 스테판슈나이더Stephan Schneider와 호프Hope, 데바스테Devastee, 프런트스트리트8Front street 8 등 좋은 브랜드들을 독점으로 갖고 있다. 덕분에 대기업의 요청으로 5-6년 전부터 쇼룸을 통해 홀세일 비즈니스를 해왔다. 그러던 중 2017년 12월, 의류 사업뿐 아니라 수입 비즈니스 경험이 전혀 없음에도 불구하고 편집숍을 운영하는 것이 꿈이라는 분을 소개받게 되었다. 대부분 수입 편집숍은 6개월 전에 오더가 들어가야 하므로 적어도 오픈 6-7개월 전에는 선계획, 선바잉이 진행되어야 한다. 그러나 이분은 수입 의류 사업을 해본 적이 없던 터라 오히려 일을 매우 용감하게 진행했다. 오픈이 힘들 수도 있었으나, 스페이스눌이 워낙 다양한 브랜드의 디스트리뷰션distribution을 맡고 있다 보니 늦게나마 재고 확보가 가능했다. 신발, 가방부터 의류까지 100% 큐레이션을 해주었다. 현재 진행형인 프로젝트지만, 2월에 오픈한 이 작은 편집숍이 벌써 BEP^{Break even Point}, 손익분기점을 넘어섰다고 한다. 요즘 같은 불경기에 기적 같은 일이다. 내 아이가 무럭무럭 자라는 것을 보는 것만큼이나 기쁘다.

책을 쓰는 것은 미래의 패션 엠디들과 초보 엠디들에게 11년간 축적된 나의 경험과 지식을 나누는 것이다. 또한 위에서 소개한 작지만 알찬 편집숍 다앤딧^{Dah and Dit}을 오픈한 프로젝트는 그 지식을 실제에 접목시키는 것이다. 둘 다 매우 흥미진진한 작업이다.

작은 수입 편집숍을 시작하고자 하는 분들은 직접 수입하고 돌아다니며 많은 시행착오를 겪기보다는 좋은 브랜드를 셀렉해놓은 멀티 라벨 쇼룸에서부터 시작하는 것도 현명한 방법이다.

자, 이제 슈퍼 엠디와 함께 세계에서 가장 핫한 쇼룸들을 만나기 위한 여행을 시작해보자.

패션과 예술의 도시 파리의 새벽에

- 슈퍼 엠디 김정아 -

Riccardo Grassi 리카르도그라시

since 2012

파리 패션 위크 동안에는 9 Avenue Hoche에 있는 멋진 건물을 중심으로, 때에 따라 옆 건물을 빌려가며 럭셔리한 쇼룸을 연출한다. 바잉하고자 하는 브랜드에 따라 장소가 다를 수 있으니, 파리에서 보려면 정확한 주소를 확인해야 한다. 유명 이탈리아 쇼룸 대부분은 파리 패션 위크에는 참여하나, 뉴욕까지 가는 브랜드는 흔치 않다. 리카르도그라시는 뉴욕 패션 위크 기간에도 뉴욕에 템포러리 쇼룸을 운영할 정도로 인터내셔널한 인기를 자랑하는 쇼룸이다.

e-mail: international@riccardograssi.com

address

Milano
Via G. B. Piranesi, 4-20137
Milano MI, Italy
Tel. +39 02 3675 4950

Paris
9 Anenue Hoche 75008
Paris, France

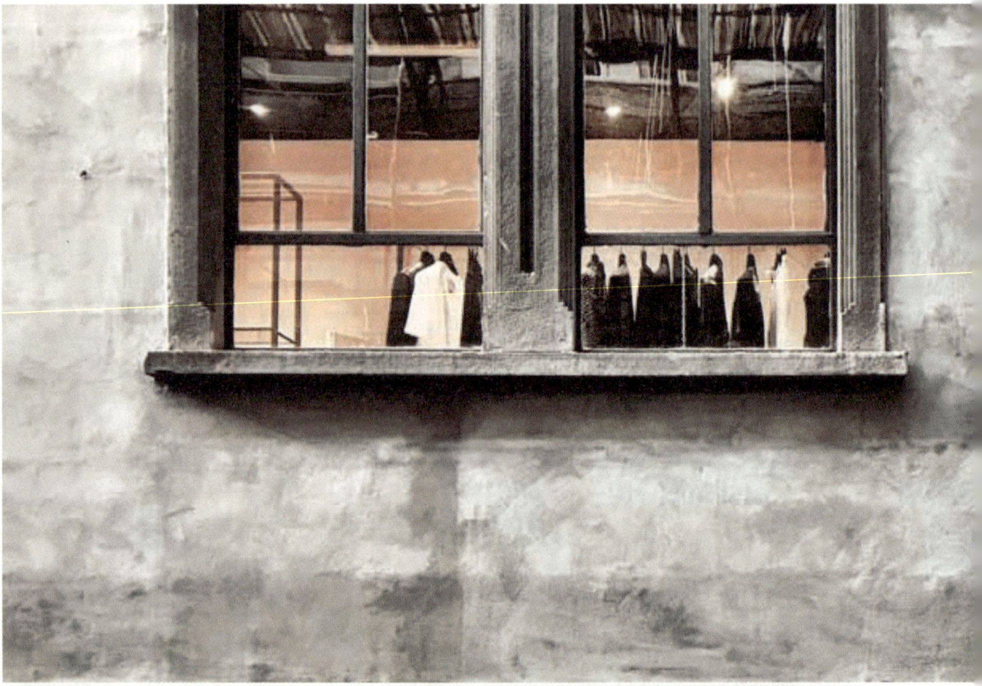

3263
VIA
G. B. PIRANESI
INCISORE 1720 - 1778
RICCARDO GRASSI
SHOWROOM

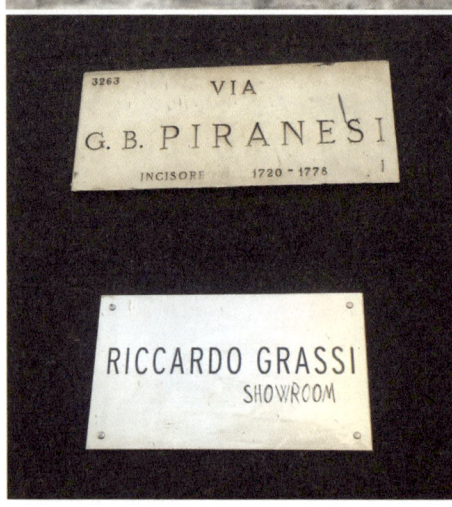

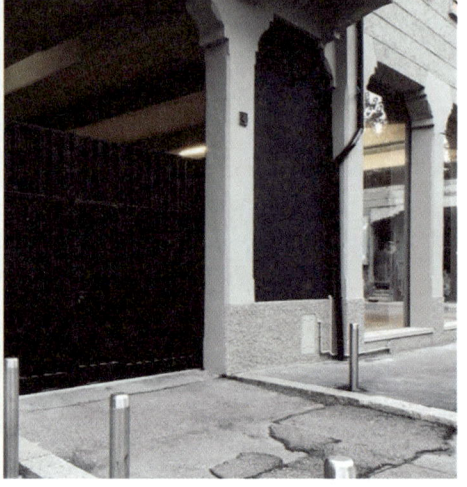

> Story
>
> **설립 스토리**

　리카르도그라시 쇼룸이 설립된 연도를 보면 고개가 갸우뚱해질 것이다. 6년 밖에 안 된 쇼룸이 어떻게 세계적으로 핫한 브랜드를 이토록 많이 갖게 되었을까 하고 말이다. 비밀의 열쇠는 오너 리카르도 그라시 Riccardo Grassi가 쥐고 있다. 그는 스튜디오제타 Studio Zeta의 공동 창립자다. 뒤에서 소개하겠지만 스튜디오제타는 30년 이상 된 쇼룸이고, 밀라노에서 반드시 방문해야 하는 쇼룸 리스트 상단을 아주 오랫동안 차지하고 있다.

　투스카니 출신인 리카르도 그라시는 80년대 초반 예술가들과 패셔니스타의 도시였던 피렌체에서 그의 파트너 마우로 갈리가리 Mauro Galligari와 스튜디오제타를 설립한다. 아방가르드한 문화를 패션계에 소개하고, 또 그 아방가르드 문화를 전 세계의 시크한 부티크에 전달하고자 한 것이 설립 초기의 목적이었다. 이탈리아를 비롯한 전 세계에 전위적이고 창의적인 디자이너와 앞서가는 브랜드에 대한 니즈가 강해지던 시기였다. 스튜디오제타는 이런 마켓의 요구에 귀 기울인 결과물이었다.

리카르도 그라시가 스튜디오제타 시절 론칭했던 브랜드들을 보면 그의 아방가르드하고 고급스러운 성향을 알 수 있다. 아방가르드의 대명사라 할 수 있는 메종마틴마르지엘라Maison Martin Margiela도 그의 쇼룸을 통해 이탈리아에 소개되었으며, 윔닐스Wim Neels, 잔앤카를로스Jan & Carlos, 캐서린햄닛Katharine Hamnett, 이갈아즈로엘Yigal Azrouel, 줄리아노후지와라Giuliano Fujiwara, 안토니오마라스Antonio Marras, 알비노Albino, 지암바티스타발리Giambattista Valli, 잘리아니Zagliani, 닐바렛Neil Barrett 등이 모두 스튜디오제타 시절 그라시가 론칭한 브랜드들이다. 2012년에 리카르도 그라시는 25년간의 패션 노하우를 바탕으로 자기 이름을 딴 쇼룸을 밀라노에 론칭한다.

리카르도그라시로만 보면 문을 연 지 5년밖에 안 된 신생 쇼룸이다. 하지만 그 저변에는 30년간 쇼룸과 다양한 패션 프로젝트를 진행한 오너의 노하우와 실력이 숨어 있다. 그렇기에 리카르도그라시 쇼룸의 화려한 행보가 가능한 것이다. 엄청난 펀드 부호 브랄리아Braglia 부부와 파트너십을 체결한 것도 주효했다. 퍼텐셜 있는 브랜드라고 판단되면 엄청한 투자를 통해 컬렉션 크기를 한번에 5-6배씩 키울 수 있기 때문이다. 한마디로 쇼룸 리카르도그라시는 그라시가 패션계에 머물며 몸소 겪은 경험과 타고난 안목, 인맥을 비롯한 엄청난 재력이 빚어낸 환상적인 결과라 할 수 있다.

▶
리카르도그라시 밀라노 쇼룸의 개성 강한 브랜드들

Riccardo Grassi

About Fashion
리카르도그라시의 패션 철학

리카르도 그라시는 자신만의 쇼룸 운영 철학에 대해 다음과 같이 밝혔다.

"저는 패션, 라이프스타일, 예술, 그리고 그들에 대한 연구가 조화되어 하나의 커다란 덩어리가 된다고 봅니다. 이 모든 것을 아우르는 쇼룸 리카르도그라시만의 아이덴티티 핵심이 있다면 그것은 컨템포러리contemporary 한 정신입니다.

저의 성공의 뮤즈는 바로 '호기심'입니다. 새로운 프로젝트, 새로운 탤런트를 찾아내는 동인이 바로 이 호기심입니다. 제 추진력의 바탕이 되는 호기심은 또한, 곧 패션이라고도 생각합니다. 패션은 누군가를 궁금하게 해야 하고, 흥미진진하게 해야 한다고 생각합니다. 그래서 패션은 입는 사람을 자신감과 흥미진진함으로 가득 채워줘야 하고, 그를 보는 사람으로 하여금 궁금증을 유발해야 한다고 생각합니다.

패션이 없는 삶은 상상할 수 없듯, 호기심 없는 삶도 더 이상 살아 있는 삶이 아닙니다. 저에게 패션은 계속

▲
쇼룸 오너
리카르도 그라시

해서 솟아나 호기심의 연못을 채워주는 신비로운 물과 같습니다."

브랜드 큐레이팅 기준

리카르도그라시는 여성복, 남성복, 액세서리를 아우르는 토털 쇼룸이다. 이곳에서 선택하는 모든 브랜드는 강하고 독창적인 디자인, 혁신적인 정신, 고급스러운 퀄리티를 기본으로 한다.

리카르도그라시의 목표는 매우 현대적인 콘셉트를 발전시키고, 그 콘셉트가 뚜렷한 디자인이 컬렉션에 반영되게 하는 것이다. 또한 이곳에서 셀렉하는 브랜드들은 컨템포러리-하이 컨템포러리 포지셔닝을 갖고 있어야 한다. 샤넬이나 에르메스처럼 값비싼 것도, 또 너무 저렴한 것도 리카르도그라시에서는 배제된다. 가격대가 고급스러운 컨템포러리 라인에 해당해야 한다.

그리고 패션과 트렌드를 이해할 수 있도록 라카르도그라시만의 비전과 통찰력에 호소하는 새로운 탤런트라면 언제라도 대 환영이다.

지극히 주관적이고
사심 가득한
운영자 최애 브랜드

리카르도그라시를 통해 소개되고 있는 브랜드

Brands

Alchemist	Fausto Puglisi Men	Nico Giani
Antonino Valenti	Federica Moretti	N°21
Arctic Explorer	Fyodor Golan	N°21 Men
Atlein	Giamba	Pineider
Aviu	Giambattista Valli	Public Code
Blancha	Goen. J	Romance was Born
Blindness	Irene Roth	Self Made
Brognano	Joshua Sanders	Shrimps
Carolina Santo Domingo	Joshua Sanders Men	Sportmax
Circus Hotel / CO|TE	Jour/Né	The Seafare
Del Duca	Khrisjoy	Tigran Avetisyan
Dodo Bar Or	Loyd/Ford	U di Aviu
Drome	Mame Kurogouchi	Victoria/Tomas
Drome Men	Marco de Vincenzo	Vien
Elena Ghisellini	Mother of Pearl	Vilshenko
Erika Cavallini	MSGM	Walk of Shame
F.R.S for Restless Sleepers	MSGM Men	X Nightmarket
Fausto Puglisi	Natasha Zinko	

리카르도 그라시는 자신의 철학상 더 중요하고 더 강조하고 싶은 특정 브랜드명을 밝힐 수 없다고 말했다. 그 대신 요즘 가장 핫하고 가장 이슈가 되고 있는 브랜드 다섯 개를 소개하겠다고 제안했다. 네 브랜드는 현재 쇼룸에서 가장 잘 팔리는 브랜드들이고, 마지막 브랜드는 스트리트웨어 붐과 함께 주목받기 시작한 러시아 디자이너의 아방가르드한 브랜드다.

Giambattista Valli

since 2005

| Luxury | 🇮🇹 Italy | Giambattista Valli |

로마에서 나고 자란 디자이너 지암바티스타 발리Giambattista Valli는 런던 센트럴세인트마틴 CSM:Central Saint Martins에서 공부했다. 자신의 이름을 딴 브랜드를 2005년 파리에서 론칭한 이래, 현재 파리 패션 위크 기간 연 4회씩 컬렉션을 발표한다. 글래머러스한 프린트와 럭셔리한 소재, 테일러드 드레스, 재킷 등이 시그니처 아이템이다. 개인적으로 지암바티스타발리의 드레스를 매우 좋아한다. 고급스러우며 소녀 같은 감성이 있는가 하면 어딘지 모르게 성숙한 여인의 이미지도 풍긴다. 그리고 재미난 디테일들이 가미되어 해가 바뀌어도 질리지 않는다. 드레스원피스를 좋아하는 사람이라면 누구라도 팬이 될 만하다.

RTW인데도 오뜨 꾸띠르Haute Couture 같은 감성을 보여주며, 2011년부터는 실제 오뜨 꾸띠르도 함께 진행하고 있다. 우아함, 여성스러움, 그리고 럭셔리함이 특징인 브랜드다. 여성스러움의 극치인 엠마뉴엘웅가로Emmanuel Ungaro에서 일한 경험이 그의 컬렉션에 고스란히 남아 있다. 퍼와 가죽으로 유명한 펜디에서의 경험 역시 지암바티스타발리의 창의적이고 럭셔리한 퍼 제품에서 발견된다. 매우 비싸고 매우 예쁜 브랜드다.

Joshua Sanders

since 2012

| High Contemporary | 🇮🇹 Italy | Joshua Sanders |

'자고 일어나니 하루아침에 스타가 되었다'라는 말이 있다. 디자이너 조슈아 샌더스Joshua Sanders의 경우가 바로 그렇다. 평범한 신생 브랜드로는 꿈도 꿀 수 없는, 이탈리아에서 가장 뛰어난 쇼룸인 리카르도그라시에서 브랜드를 론칭한 까닭이다. 블링블링한 맥시멀리즘과 럭셔리 스트리트웨어의 붐이 브랜드 론칭과도 딱 맞아떨어졌다.

론칭 첫 시즌에 브랜드가 전 세계 유명 멀티숍에 소개되는 것은 거의 기적에 가까운 일이다. 우리나라의 비싼 멀티숍도 예외는 아니다. 디자이너 조슈아 샌더스가 그 어렵고 힘든 일을 해냈다. 바로 비토리오 코델라Vittorio Cordella라는 비즈니스맨 덕이다. 비토리오 코델라는 재능을 가진 디자이너를 찾아 브랜드를 론칭할 수 있도록 투자하고, 자신이 보유하고 있는 판로를 통해 상품을 팔아준다. 나아가 전 세계적으로 브랜드 이미지를 높일 수 있는 컨설팅까지 해준다. 우리나라에도 이런 개인이나 기업이 있다면 재능 있는 신진 디자이너들이 국내외에서 보다 쉽게 성장할 수 있지 않을까 생각해본다.

조슈아 샌더스는 젊은 디자이너답게 모든 아이디어에 열려 있다. 그는 "패션이란 자고로 힘들거나 어려워서는 안 된다. 패션은 재미있고 정열적이며 에너지가 넘쳐야 한다"라는 철학을 가지고 있다. 그의 이런 세계관은 슈즈와 가방 등에 잘 반영되어 있다.

브랜드 조슈아샌더스의 인기는 럭셔리 캐주얼, 럭셔리 스포츠의 붐이 지속되는 한 계속되리라고 본다. 귀엽고 아기자기한 브랜드다.

MSGM
since 2009

| High Contemporary | Italy | Massimo Giorgetti |

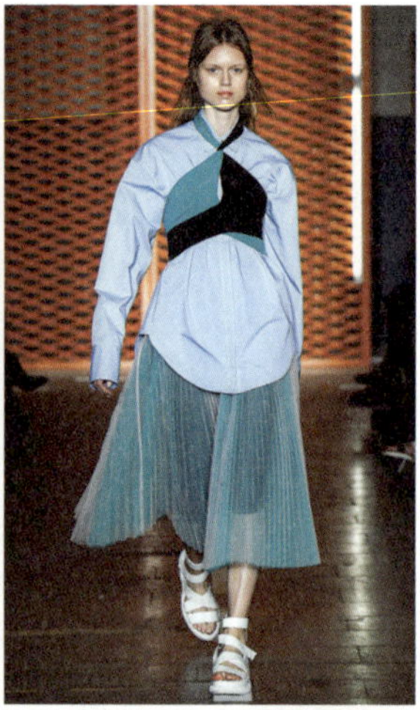

요즘 컨템 브랜드 중 가장 트렌디하다고 할 수 있는 MSGM에 대해서는 바로 다음 챕터에 나오는 액세서리 쇼룸 마시모보니니를 다룰 때 보다 자세히 설명할 예정이다.

밀라노에 있는 리카르도그라시 쇼룸은 층고도 높고 정말 어마어마하게 넓다. 그런데 그중 방이라고 하기에는 너무도 큰 구획을 차지하고 있는 브랜드 두 개가 있다. 바로 MSGM과 N°21이 그 주인공이다. 현재 쇼룸에 가장 큰돈을 벌어주고 있는 브랜드란 의미다. 원래 MSGM은 이렇게까지 주목받는 브랜드가 아니었다. 그저 귀엽고 펑키한 디자인의 스웨트셔츠와 티셔츠들이 좀 눈에 띄는 맥시멀리즘 브랜드였다. 그런데 2-3년 전, 갑자기 뻥튀기 기계에 들어갔다 나온 것처럼 컬렉션 크기가 거의 4-5배 정도로 커졌다. 그럼에도 워낙 과한 디자인들이 많아서 바이어로서는 선택이 쉽지 않을 거라고 생각했으나, 그 과한 디자인들에 패셔니스타들이 열광했다. 바야흐로 맥시멀리즘의 시대적 파워를 실감케 하는 브랜드다.

스웨트셔츠를 만들던 면 소재에 밝은 컬러의 과감한 프릴을 매치하거나, 여성성과 섬세함의 상징인 레이스로 후드 트레이닝복을 만들거나 하는 등 기존의 상식을 깨는 디자인이 많다. 다른 소재의 믹스 앤 매치, 디자인과 패브릭의 부조화 등 과감한 시도를 하는 클럽 DJ 출신의 디자이너 행보가 흥미롭다.

N°21 (RTW)

since 2010

| High Contemporary | 🇮🇹 Italy | Alessandro |

개인적으로 특히 관심이 많은 브랜드다. 2008년으로 기억하는데, 알렉산드로 델아쿠아가 디자인하는 동명의 브랜드인 알렉산드로 델아쿠아를 바잉한 적 있다. 포멀한 검정 재킷이 후세인 샬라얀Hussein Chalayan의 재킷만큼 핏이 에뻐서 바잉을 진행했다. 그런데 얼마 후, 디자이너 알렉산드로 델아쿠아가 펀드회사의 돈줄에 자기 이름의 브랜드를 빼앗기고 말았다이탈리아 브랜드에는 이런 일이 왕왕 일어난다 한마디로 계약 해지를 당한 것이다.

그로부터 2년이 지난 2010년, 잘 알고 지내던 한 이탈리안이자 인터내셔널 세일즈 퍼슨이던 지인으로부터 새로운 브랜드가 있으니 꼭 한 번 와달라는 연락을 받았다. 그녀의 쇼룸에

잠깐 들렀을 때, 그녀가 보여준 브랜드가 바로 알렉산드로 델아쿠아의 새 브랜드 N°21이었다. 눈이 부실 듯 강렬한 원색의 노랑, 두꺼운 핑크색 실크로 과장되게 만든 퍼프소매 원피스들이 많았다. 원래의 알렉산드로 델아쿠아의 절제된 라인에 익숙해 있던 나로서는 다소 당황스러웠다. 디자이너 알렉산드로가 자기 이름의 브랜드를 잃은 충격에 빠져서 이런 컬렉션을 내놓았나 싶을 정도였다. 국내 소비자를 위해 바잉할 수 있는 아이템이 거의 없었다. 색깔도, 핏도, 소재도 모두 과했다.

그런데 역시 저력 있는 디자이너는 달랐다. 그의 능력을 알아본 리카르도그라시와 계약한 이후, 컬렉션은 매 시즌 일취월장했다. 그리고 2-3년 전의 MSGM과 마찬가지로 컬렉션 크기가 거의 4-5배 정도 갑자기 커졌다. MSGM의 경우에는 컬렉션의 성장에 비해 바잉하고픈 것이 그리 많지 않았는데, N°21 컬렉션의 성장은 바이어로서 눈물 날 만큼 기뻤다. 그 큰 컬렉션에서 바잉하고 싶은 것이 거의 80-90%일 정도로 아주 훌륭했다. 캐시미어 전문 브랜드 말로의 수석 디자이너였던 만큼 니트 제품이 다양했는데, 지나치게 페미닌하지도 않고 정말 예뻤다. 적당히 여성스럽고, 적당히 시크하고, 또 딱히 패셔니스타가 아니더라도 누구에게나 웨어러블한 디자인이었다. 또한 무심한 듯 목 뒤로 나오는 핑크빛 라벨이 많은 사람들의 심금을 울리기에 부족함이 없었다.

알렉산드로 델아쿠아의 새로운 컬렉션 N°21은 디자이너가 새롭게 자각한 자유와 지식이 잘 반영되어 있다. N°21은 남성복에서 빌려온 트릭과 디테일을 곁들인 모던하고 여성스러운 컬렉션을 선보인다. 남성스러운 셰이프와 소재의 믹스에 여성스러움이 더해져 브랜드의 핵심 스타일 코드를 이루었다.

브랜드 이름인 21은 디자이너 알렉산드로의 생일이며, 또 나폴리탄 스몰피아 Neapolitan Smorfia에 있는 라 도나 누다 La Donna Nuda(nude woman)를 나타내는 숫자이기도 하다.

Walk of Shame
since 2009

| Contemporary | 🇷🇺 Russia | Andrey Artyomov |

스트리트웨어 유행과 함께 스트리트웨어의 끝판왕이라 할 수 있는 러시아 고프닉gopnik, 반항적인 러시아 거리 청년 문화 스타일이 등장하고 있다. 특히 고샤 루브친스키Gosha Rubchinskiy가 패션계에 거대한 돌풍을 일으키면서 러시아 문화와 패션에 대한 관심이 고조되고 있다. 고프닉 룩은 아디다스로 대변되는 삼선 트레이닝이 문맥에서는 '추리닝'이라고 부르는 게 더 어울린다 팬츠에 하이힐을 매칭여성하거나, 정장 구두남성를 신는 스타일을 의미한다.

리카르도그라시에서도 워크오브셰임Walk of Shame 이외에 나타샤진코Natasha Zinko, 빌셴코Vilshenko 등 러시아 브랜드를 여럿 소개하고 있다. 워크오브셰임은 러시아의 대표적인 브랜드다. 매 시즌 조금씩 변형을 거치며 소개되는 슬립 드레스, 목욕 가운을 연상케 하는 퍼 코트, 오버사이즈 봄버 재킷, 하이 퀄리티 데님이 시그너처 아이템이다.

디자이너 안드레이 아르툐모프Andrey Artyomov는 밤 문화를 즐기는 소녀를 떠올리며 의상을 디자인한다. 멋지게 차려입고 친구들과 광란의 밤을 보낸 후 맞이하는 아침, 부러진 힐을 신고 갈지자로 걸을 때조차 완벽하게 글래머러스해 보이는 소녀를 위한 룩을 만드는 게 목표다. 철철 넘치는 스트리트 정신에 섹시함을 더했다고 정의하면 되겠다.

개인적으로 패션계에 불고 있는 러시아의 바람이 더 강해지기를 소망한다. 더불어 러시아 문학과 문화에 대한 관심도 한층 커지기를 바란다. 슬라브 문학자이자 러시아 문학 번역가이자 도스토옙스키의 열혈 팬으로서 말이다. 러시아어인 키릴문자Cyrillic Alphabet는 시각적으로도 아름답고 예술적이다. 워크오브셰임이나 고샤루브친스키의 아이템에 새겨진 키릴 문자를 볼 때마다 가슴이 뛴다.

MD Insight
엠디 인사이트

앞서 말했듯이 이 5년 된 쇼룸은 실제로는 30년 된 이탈리아 쇼룸 업계 최고 경력자의 쇼룸으로 봐야 한다. "쇼룸 오픈 초기인데도, 70여 개국 3,000여 명의 국제적인 바이어들이 쇼룸을 방문해주었습니다. 전 세계 최고의 부티크와 최고의 백화점에서요. 그리고 두바이와 중국 등 점점 더 그 중요성이 커지는 신생 마켓과 이커머스에도 중점을 두어 고객층을 넓혀가고 있고, 앞으로 더욱더 많은 포커스를 둘 예정입니다"라고 쇼룸 관계자가 자랑스럽게 말했다.

리카르도그라시에서 특히나 핫한 브랜드들은 거의 국내 독점 수입업자가 따로 있다. 그런데 얼마 전 이에 관련된 흥미로운 뉴스 하나가 접수되었다.

쇼룸에서 가장 핫한 브랜드 중 하나인 N°21의 경우, 원래 우리나라 대기업이 독점권을 갖고 있었다. 그런데 2018년 2월 한 중소기업이 2018 FW 컬렉션부터 독점권을 가져갔다. 당연히 브랜드가 입점되어 있는 백화점과 매니저들 사이에 일련의 소동이 일었다. 대부분의 경우 독점 파트너가 되면, 큰 결점이 있지 않는 이상 자동적으로 재계약이 된다. 매년 2-4회씩 만나 바잉하고 밥 먹고 하다 보면 파트너십을 넘어 친구 같은 사이가 되기 때문이다. 하지만 이탈리아 브랜드에게 이런 충성심을 기대할 수는 없고, 기대해서도 안 된다. 믿는 도끼에 발등 찍히고 정말 큰 코 다친다. 때로는 "누가 믿으랬니?"라는 말도 듣게 된다. 막스마라나 브루넬로쿠치넬리, 카르텔, 그리고 하쉬 Hache 등 개인적으로 이탈리아 브랜드와 믿고 일을 하다 그르친 예는 수도 없이 많다. 패션 업계에서 파트너를 바꾸는 일은 물론 쇼킹한 일이다. 하지만 이탈리아 브랜드의 비즈니스 성향을 알고 나면 별로 새로운 일도 아니다.

내게 이 사건이 흥미로운 이유는 따로 있다. 중소기업에 N°21의 독점을 뺏긴 이 대기업이 바로 지난 해, 다른 중소기업이 여러 해 동안 온 힘을 다해 정성 들인 프랑스 신발 브랜드의 독점권을 빼앗아간 기업이라는 점이다. 세상 모든 일은 주는 대로 받는다. 권선징악, 새옹지마가 틀린 경우를 본 적이 별로 없다. 사람이건 기업이건 정도正道를 가야 한다. 돌아가는 것 같고 약지 못해 바보 같더라도, 정도야말로 말 그대로 바른 길이다. 언제나 바른 길로 가야 바른 목적지에 도착한다.

2018 FW 시즌부터 N°21의 독점권을 가져간 중소기업은 사실 리카르도그라시가 운영하고 있는 지암바티스타발리의 가장 큰 국내 바이어사실상 독점권자이고, 2018 SS부터는 이 쇼룸의 다른 핫한 브랜드인 MSGM의 국내 독점권을 가져오기도 했다. 물론 금전적 문제도 중요했겠지만, 이런 관계들이 대기업을 제치고 N°21까지 가져오는 데 결정적인 역할을 하지 않았나 싶다.

브랜드들이 커지고 핫해지면 RTW 컬렉션에 일부 포함되어 있던 가방, 슈즈, 액세서리 등의 라인이 따로 독립해 단독 브랜드를 이루는 경우가 많다. 리카르도그라시가 RTW계에서 현재 가장 핫한 쇼룸이라면, 다음에 나올 쇼룸 마시모보니니는 레더 액세서리계에서 타의 추종을 불허할 만큼 핫한 쇼룸이다.

Riccardo Grassi 리카르도그라시

Massimo Bonini 마시모보니니

since 1988

Massimobonini for man, Massimobonini for woman, 조금 더 저렴하고 재미난 신진 디자이너를 소개하는 Monument 등 밀라노에만 4개의 쇼룸을 두고 있다. 2014년 뉴욕, 2015년 홍콩에도 쇼룸을 오픈했다. 이는 상시적인 쇼룸이며 패션 위크 기간에는 늘 파리와 상하이 등에 템포러리 쇼룸을 운영한다.

address

Milano
Via Monte Napoleone, 2, 20121
Milano MI, Italy
Tel. +39 02 783988

Monument
Via Ceresio, 7, 20154
Milano MI, Italy
Tel. +39 02 33601533

2

🇮🇹 Italy
🇺🇸 USA
🇭🇰 Hong Kong

New York
720 5th Ave. New York,
NY 10019, USA
Tel. +1 (212) 247 8440

Hong Kong
Chinachem Leighton
Plaza 25-31 Leighton Rd
Bowrington, Hong Kong
Tel. +852 2217 8908

Story
설립 스토리

80년대 말 밀라노는 패션에 대한 관심과 에너지로 충만한 도시였다. 오랜 전통을 자랑하는 패브릭 공장과 장인, 새로운 아이디어를 가진 어린 디자이너까지 대거 등장한 시기였다. 상인 정신에 충만한 밀라노인답게 이 디자이너들의 컬렉션을 모아 소개하는 멀티 라벨 쇼룸들도 우후죽순 생겨났다. 대부분의 쇼룸은 RTW 중심이었다. 가방, 신발 등 액세서리에 중점을 둔 쇼룸은 하나도 없었다. 당시만 해도 액세서리는 패션에 있어 부수적인 아이템으로 생각되어서, 있으면 좋고 없어도 괜찮은 패션의 들러리쯤으로 여겨졌다.

그런데 그때 블루오션을 볼 줄 아는 역발상 커플이 나타났다. 그들이 바로 마시모 보니니와 그의 부인 사브리나 스카르펠리니 Sabrina Scarpellini였다. 이 둘은 패션을 사랑했고 새롭고 창의적인 것들을 사랑했다. 공통의 관심은 둘을 커플로 만들어주었다. 그리고 마침내 이들은 창의적인 패션에 대한 사랑을 현실로 이루기 위한 모험을 시작했다. 밀라노의 패션 심장부라 할 수 있는 몬테 나폴레오네 Monte Napoleone에 남편의 이름을 딴 쇼룸 마시모보니니를 오픈한 것이다.

▶
아름다운 구두와
가방으로 둘러싸인
마시모보니니의
여성 전문관

Massimo Bonini

햇살이 들어오는
오후의 쇼룸 전경

| About Fashion |
마시모보니니의 패션 철학

마시모와 사브리나는 가방과 신발 등 액세서리를 몹시 사랑했다. 그들은 이 작은 가죽 액세서리들이 패션의 들러리가 아니라, 전체적인 룩을 완전히 바꿀 수 있는 파워풀한 아이템이라고 확신했다. 그래서 현재까지도 전 세계 패션 피플들에 의해 가장 중요한 패션 디스트릭트로 여겨지는 루소넬 콰드릴라테로 델라 모다 The Quadrilatero della moda에 멀티브랜드 신발 쇼룸을 오픈한다.

그들은 혁신적인 디자인과 창의성을 기준으로, 다양한 브랜드를 큐레이팅해왔다. 디자인뿐 아니라 장인 정신이 배어있는 기술 역시 매우 중요하게 여긴다. 쇼룸에서 소개되는 모든 브랜드는 이탈리아 브랜드일 뿐 아니라 100% Made in Italy다. 마시모와 사브리나는 말한다.

"우리에게 있어 패션은 곧 삶이자 인생입니다. 패션은 모든 사람의 일상생활에 매우 중요한 역할을 합니다. 패션은 우리의 기분을 바꾸는 힘을 가졌습니다. 그 힘은 더 나아가 다른 사람과의 관계마저 바꿀 수 있는 막강한 것이지요. 패션은 상업에 접목된 최고의 예술 finest art이고,

▶ 다양한 브랜드를 직접 볼 수 있고 언제든지 편안하게 바잉 상담을 할 수 있도록 쇼룸 곳곳에 테이블이 배치되어 있다.

세련됨과 교양을 표현하는 최고의 수단입니다.

우리가 쇼룸을 통해 소개하는 모든 컬렉션에서 그 브랜드만이 갖는 독특한 아름다움을 발견하려 노력합니다. 하지만 가장 중요한 점은 일하는 동안 우리 모두가 너무나도 즐겁다는 사실입니다. 일에 대한 사랑과 열정이 바로 우리의 가이드라인입니다."

많은 신진 디자이너들이 마시모보니니 쇼룸을 통해 패션계에 데뷔한다. 그들이 유명하고 단단한 브랜드로 성장하는 것을 지켜보는 게 매우 큰 보람이라고 둘은 입을 모아 말한다.

브랜드 큐레이팅 기준

먼저 브랜드 뒤에 있는 사람을 본다. 디자이너의 재능과 그의 취향, 비전과 패션에 대한 태도 등이 중요하다. 유니크하고 혁신적인 브랜드와 일하려고 노력하는데 요즘은 퀄리티와 포지셔닝 등도 브랜드 선택에서 매우 중요한 역할을 한다.

Massimo Bonini

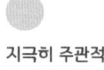

지극히 주관적이고
사심 가득한
운영자 최애 브랜드

**마시모보니니를 통해
소개되고 있는 브랜드**

Brands

Alexandre Vauthier	Designinverso	Louis Leeman
Anna Baiguera	Edhèn	Manebí
Artselab	Fausto Puglisi	Marco de Vincenzo
Benedetta Boroli	F.E.V. by Francesca E. Versace	Mary Katrantzou
Benedetta Bruzziches	Gedebe	MCQ
Bruno Bordese	Giancarlo Petriglia	MSGM
Carven	Giannico	N°21
Castañer	Greymer	Sebastian
Clone	Henderson	Tipe e Tacchi
Delpozo	Les Petits Joueurs	Yeezy

Giannico

since 2013

| High Contemporary-Luxury | 🟩⬜🟥 Italy | Nicolo Beretta |

1996년 밀라노에서 태어난 니콜로 베레타 Nicolo Beretta는 어려서부터 스타일에 대한 감각이 뛰어났다. 매우 창의적이었던 그는 사내아이라면 으레 좋아하는 자동차나 비행기 대신, 천과 단추 등을 가지고 노는 것을 좋아했다. 또한 자신이 꿈꾸는 환상 나라의 공주들에게 직접 옷을 만들어 입히고 액세서리를 만들어주었다. 그는 14세에 호주 시드니로 이사를 가게 되는데, 그 특별한 코즈모폴리턴 Cosmopolitan 도시는 그의 창의적인 영감에 불을 지핀다.

2011년, 15세가 된 니콜로 베레타는 런던의 백화점 하비니콜스에서 열린 한 행사에서 마놀로 블라닉섹스 앤 더 시티에서 캐리 브래드 쇼가 청혼 반지 대신 받았던 바로 그 신발 브랜드의 디자이너다!을 만나게 되었는데, 이때 자신이 디자인한 신발 스케치를 가져가 보여주었다. 니콜로는 마놀로로부터 재능이 훌륭하니 진지하게 슈즈 디자이너의 길을 가라는 말을 들었다고 한다.

니콜로 베레타는 17세가 된 2013년에 지아니코 Giannico라는 슈즈 브랜드를 론칭한 뒤 13-

14 FW 밀라노 패션 위크와 파리 패션 위크에서 데뷔했다. 유명 패셔니스타뿐 아니라 할리우드의 레드카펫 슈즈로 선택받았고, 보그가 주는 패션 상을 비롯하여 많은 상을 받았다.

그의 신발은 창의성을 넘어 초현실주의적이라는 평을 받는다. 패션사에 길이길이 남을 가장 유명한 신발로는 Oh my deer shoes가 있다. 사냥꾼의 오두막 벽 한 켠에 걸려 있어야 할 것 같은 사슴머리상이 구두 장식으로 붙어 있다. 커다란 메탈 볼이 달려 있는 구두, 스와로브스키와 3D 꽃이 붙어 있는 스틸레토도 있다. 레이디 가가Lady GaGa가 이 브랜드의 열혈 팬이라는데, 지아니코의 컬레션 라인을 보면 그 이유를 수긍할 수 있다. 조형예술 작품에 가까울 만큼 과감한 작품은 200만 원이 훌쩍 넘지만, 상업성이 전혀 없는 브랜드라면 이태리 쇼룸의 간택을 받을 리 만무하다. 웨어러블하고 가격까지 합리적이라 도전해볼 만한 구두도 있다는 말이다. 특히 작은 입술이 끝부분에 수줍게 붙어 있는 신발이 매력적이다.

매우 젊은 디자이너의 4년 밖에 안 된 브랜드지만 벌써 전 세계 패셔니스타의 마음을 사로잡은 퍼텐셜 큰 브랜드다. 마시모보니니라는 막강한 쇼룸이 밀어주고 있으니 아마 앞으로 더욱 더 커나갈 것이다.

Les Petits Joueurs

since 2013

| Luxury | 🇮🇹 Italy | Mariasole Cecchi |

1987년 피렌체에서 태어난 디자이너 마리아솔 세치Mariasole Cecchi는 20세에 액세서리를 공부하기 위해 파리로 떠난다. 그 후 펀하고 펑키한 레고 블록 백을 선보이며 브랜드 론칭 2년 만에 전 세계 패셔니스타의 마음을 사로잡게 된다. 전통적인 사각형 디자인에 레고 블록으로 커다랗게 'Love'라고 쓴 백은 한마디로 혁명에 가까운 발상이었다. 재기 넘치고 발랄한 디자이너가 틀에서 벗어난 감각으로 만든 가방은 패셔니스타의 사랑을 받기에 충분했다.

레뻬띠쥬Les Petits Joueurs는 '어린 여자아이'를 일컫는 프랑스어다. 브랜드 이름처럼 귀여운 아이들 장난감용 레고와 전통적인 럭셔리 가죽 백이 만나며 생기는 모순과 위트, 디자이너의 과감함과 유쾌함이 특징이다. 가죽에서부터 레고 블록까지 최고의 소재만 고집하며 피렌체 공방에서 수작업으로 만든다. 100% Made in Italy며 최고의 가죽, 최고의 장인, 최고의 품질을 갖춘 가방이다. 당연히 가격 역시 만만치 않다.

어떤 브랜드는 론칭 자체를 쇼룸을 통해 하지만, 커다란 트레이드 쇼에서 핫한 인기를 누리다가 유명 쇼룸에 의해 스카우트되는 브랜드도 있다. 레뻬띠쥬는 후자에 해당한다. 처음에는 파리 패션 위크의 가장 큰 트레이드 쇼인 트라노이의 한 작은 부스로 시작했는데, 이듬해 세 배 정도 큰 부스로 옮기더니, 갑자기 트레이드 쇼에서 자취를 감추었다. 가장 핫한 액세서리 쇼룸인 마시모보니니에 의해 스카우트되어 작은 방 하나를 차지하게 된 것이다.

이렇게 급성장하던 브랜드가 갑자기 트라노이에서 사라지는 경우도 종종 있다. 이럴 경우 가장 먼저 모노 쇼룸을 만든 것은 아닌지 알아봐야 한다. 브랜드가 커질 만큼 커져 포화 상태가 되면, 독자적인 모노 쇼룸을 내는 것이 더 이득이기 때문이다. 그게 아니라면 보다 고급스러운 고객층을 갖고 있어 막강한 파워를 발휘하는 쇼룸으로 들어갔을 수 있다. 레뻬띠쥬도, 프랑스 의류 브랜드 이로Iro도 이런 케이스다.

최근 레뻬띠쥬는 블록의 인기가 살짝 시들해지자 퍼를 이용한 편한 가방을 소개하고 있다. 또한 중국 파워를 반영하듯, 새틴이나 비단 등에 용무늬가 그려진 컬렉션도 출시하고 있다.

Marco de Vincenzo

| Luxury | 🇮🇹 Italy | Marco de Vincenzo |

디자이너 마르코 드 빈센조 Marco de Vincenzo 는 1978년 이탈리아 메시나 Messina에서 태어났다. 이후 로마의 Instituto Europeo del Design에서 패션 공부를 마친 그는, 21세에 펜디에 조인했고 현재는 펜디의 가죽 수석 디자이너 Leathergoods Head Designer로 일하고 있다. 그는 전 세계 패션계에서 가장 혁신적이고 흥미로운 디자이너로 알려져 있으며, 여러 브랜드로부터 컬래버레이션 Collaboration 요청도 쇄도한다. 2017년 10월 서울 패션 위크 2주 동안 2018 SS 컬렉션을 분더샵에서 선보였다.

'모순을 지향하는 내적 경향'을 디자이너 마르코 디 빈센조의 시그너처라 할 수 있다. 그는 전혀 어울릴 것 같지 않은 디자인과 소재를 하나의 작품 속에 녹여내려 노력한다. 그래서 그의 의류나 신발 모두 매우 혁신적이고 실험적이다. 브랜드 대부분은 의류가 유명해지면, 그 유명세를 업고 액세서리 라인이 등장하곤 한다. MSGM, N°21, 알렉산더왕 Alexander Wang 등 거의 모든 브랜드가 그 순서를 따랐다. 그러나 마르코디빈센조는 론칭 당시부터 지금까지 한 켤레에 100만 원이 훌쩍 넘는 스니커즈와 신발로 정말 유명한 브랜드다. 스니커즈에 새틴으로 들어간 꽈배기 무늬, 조금 생뚱맞게 힐 위에 올라가 있는 굵은 꽈배기 한 줄. 전혀 실용적이지 않아 보이는 이 꽈배기 줄무늬가 빈센조의 트레이드 마크다.

굵은 꽈배기 무늬 때문에 발이 커 보일 것 같지만 신으면 그 반대다. 발이 매우 작아 보이는 효과가 있고 매우 편안하며 또 매우 시크하다. 배색으로 들어간 핑크나 그린의 굵은 새틴 꽈배기는 100미터 밖에서 보아도 "나 빈센조 신었소!" 하고 소리치는 듯하다. 신발 매니아들에게는 그야말로 잇 아이템이다. 신발 바닥 가까이에 붙어 있는 새틴이 때가 탈 듯하여 매우 비실용적으로 보이지만 비나 눈이 오는 날에 신지 않는다면, 의외로 때가 타지도 않는다. 나는 작은 키 때문에 스니커즈가 별로 어울리지 않지만 빈센조는 두 켤레나 갖고 있을 만큼 특이하고 예쁜 브랜드다. 100% Made in Italy고 최고의 가죽 브랜드 펜디의 디자이너답게 퀄리티는 역시 최상급이다. 물론 가격도 그만큼 비싸다.

요즘은 꽈배기 무늬가 없는 구두도 나오는데 꽈배기가 들어가 있는 신발이 여전히 인기다. 슈즈 마니아라면 꽈배기가 들어간 스니커즈를 추천한다. 매 시즌 꽈배기의 색깔만 바뀌어 나오는 이 브랜드의 시그너처 리피트 아이템*Signature Repeat Item*이기 때문이다.

MSGM

since 2009

| High Contemporary | 🇮🇹 Italy | Massimo Giorgetti |

마시모 지오게티Massimo Giorgetti는 아름다운 아드리아해 휴양지 리미니Rimini에서 태어났다. 그는 아름다운 바다와 자연의 색채들, 그리고 당대 패션의 영향을 받은 양산과 파라솔 무늬를 접하며 청소년기를 보냈다. 이후에는 멋진 도시 밀라노와 피렌체에서 살았다. 피렌체에 방문해본 사람이면 다 알겠지만, 자연뿐 아니라 도시의 길 하나하나가 참으로 예쁜 곳이다. 마시모 역시 이러한 피렌체의 아름다움에 매우 깊은 영감을 받는다.

그런데 그는 디자인 스쿨을 나온 정통파 디자이너들과는 거리가 조금 멀다. 물론 고향에 있던 옷가게에서 잠시 일하며 패션 디자인의 기본에 대해 배우기는 했지만, 그는 원래 클럽 DJ였고 MSGM이라는 브랜드의 이름 역시 2002년에 결성된 미국 록 밴드 MGMT에서 따왔을 정도로 음악에 재능을 가진 사람이었다. 그는 "음악은 나의 정열이다"라고 말한 바 있으며 MSGM 컬렉션 역시 음악에서 많은 영감을 받아 만들어진다.

  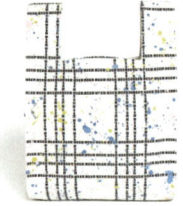

디자인에 대한 열정과, 옷가게에서 세일즈 직원으로 일한 경험을 통해 고객의 눈으로 옷을 보는 상업적인 마인드까지 갖춘 마시모는 2004년부터 자신이 꿈꾸던 브랜드를 론칭하고자 적극적인 홍보를 벌인다. 덕분에 파올리니*Paolini*라는 회사의 펀딩을 받아 2008년 MSGM을 론칭하게 된다.

마시모는 자신의 디자인을 턴테이블을 돌리는 스킬에 종종 비유한다. 여러 장르의 음악을 섞어 새로운 음악을 만들어내는 DJ처럼 여러 패브릭을 믹스 앤 매치하여 완전히 새로운 룩으로 탄생시키기 때문이다. 마시모는 패피들이 온갖 멋을 부리고 가는 클럽의 DJ 출신답게 트렌드에 매우 민감한 디지이너. 최신 트렌드를 제대로 이해하고 소화하여 자신만의 스타일로 재탄생시키는 재능 또한 탁월하다.

일단 브랜드가 뜨고 나면 그 브랜드의 신발이나 가방 등도 핫해지는 것이 당연하다. MSGM의 럭셔리 스트리트웨어에 어울리는 펀하고 펑키한 신발들이 가득한 MSGM 액세서리 쇼룸은 보는 재미가 있다. 보기에 위태로울 정도로 높은 통굽과 펑키한 디자인의 액세서리는 의류만큼 웨어러블하지는 않다.

디자이너 마시모는 2015년 럭셔리 브랜드 푸치*Pucci*의 크리에이티브 디자이너가 되었다. 매우 여성스럽고 고풍스러운 푸치는 마시모로 인해 상당히 파격적이고 젊은 컬렉션을 선보이고 있다. 2017년 오픈한 갤러리아의 푸치 숍에서 본 컬렉션은 흡사 MSGM 컬렉션을 보는 듯해서 적잖이 놀란 기억이 있다. 고객의 반응은 어떨지 궁금하다.

N°21 (Aaccessory)

High Contemporary | 🇮🇹 Italy

Massimo Bonini

요즘 가장 핫한 브랜드 중 하나인 N°21에 대해서는 앞서 리카르도그라시 쇼룸에서 설명한 바 있다. 의류가 전 세계적인 인기를 얻은 이후, 수많은 팬들의 요구와 상업적인 계산이 만나 레더 액세서리 라인도 탄생했다. 레더 액세서리라 하면 주로 가방과 신발을 일컫는데, N°21의 액세서리 라인은 현재로서는 슈즈 라인뿐이다. 특히 리본 모양으로 커다란 매듭이 있는 스니커즈와 샌들은 N°21의 시그너처 아이템이다.

N°21은 국내에서는 한 패션 대기업이 독점을 하고 있어, 슈즈 라인조차도 다른 회사의 바이어들에게는 오픈되어 있지 않다. 하지만 단비 같은 소식이 하나 있다. N°21의 협업 라인은 바잉할 수 있다는 정보다. 마시모보니니 쇼룸 중 내가 좋아하는 모누멘트monument에서 카르텔Kartell과 N°21의 컬래버 라인 샌들을 발견했을 때 나는 주저 없이 오더를 넣었다. 카르텔이라니, 고개를 갸우뚱하는 사람이 많을 것이다. 그렇다. 플라스틱으로 명품 가구를 만드는 이태리 가구 브랜드 그 카르텔이 맞다. 매우 퀄리티 높은 고무로 만든 카르텔과 N°21의 샌들을 곧 숍에서 만날 생각을 하니 벌써부터 가슴이 설렌다.

MD Insight
엠디 인사이트

앞서 말했듯이 리카르도그라시는 현재 RTW로 가장 핫한 쇼룸이다. 그들이 소개하는 핫한 브랜드의 가방이나 신발 등 액세서리는 쇼룸 마시모보니니에서 만날 수 있다. 예를 들어 N°21이나 MSGM 등의 의류를 쇼룸 리카르도그라시에서 산다면, 동일 브랜드의 가방과 신발은 마시모보니니에서 사야 한다. 우리나라에서는 이런 브랜드들이 거의 독점으로 되어 있기 때문에 살짝 아쉽지만, 아직 독점이 되어 있지 않은 귀여운 브랜드도 많으니 꼭 둘러보기 바란다.

세계적 명품 거리인 몬테 나폴레오네에 있는 메인 쇼룸에는 아주 비싼 명품 브랜드들이 자리를 차지하고 있다. 개인적으로는 신진 디자이너나 파격적이고 혁신적인 디자인이 주를 이루는 모누멘트 쇼룸을 더 좋아한다. 이곳에는 정말 재미난 아이템들이 많다. 펑키하고 편한 브랜드들이 대부분이며 가격도 좋은 편이다. 이번 시즌에도 거꾸로 읽으면 Shoes라 읽히는 '53045'라는 브랜드의 양말 같은 신발을 보고 정말 기뻤다. 척 보아도 알겠지만 발렌시아가를 닮아 있어 물어보았더니, 아니나 다를까 디자이너가 발렌시아가 출신이란다. 재미있는 브랜드를 소개한다는 생각에 신나서 오더를 넣었다. 그런데 갑자기 생산이 불가하게 되었

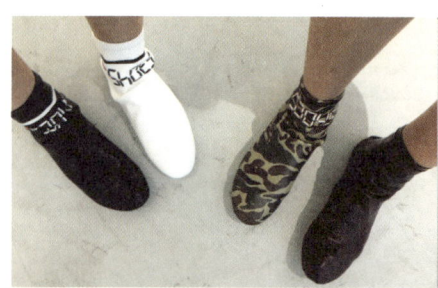 

다는 연락을 받았다. 신진 디자이너의 브랜드는 가끔 이렇게 오더 전체가 뿌러지는전문용어다! 경우도 있으니 너무 낙심하지 말자.

또 하나 바이어들에게 실제적인 팁을 주자면, 이 쇼룸 근처에는 가성비 좋은 맛난 식당이 별로 없다. 바잉 시즌에는 여유 있게 앉아 밥을 먹을 시간조차 없고 주변에서 괜찮은 식당을 찾기란 하늘의 별 따기인데, 쇼룸 마시모보니니의 샐러드와 샌드위치는 정말 맛있다. 점심시간 언저리로 바잉 약속을 잡게 되면 사양하지 말고 꼭 먹기를 바란다. 아직 마켓에 출시도 안 된 블링블링한 신발과 가방에 둘러싸여 맛난 점심을 먹는 일은 바이어만의 호사다. 게다가 시간도 돈도 절약할 수 있다.

마시모보니니처럼 완벽하게 신발과 가방에 포커스를 둔 쇼룸은 아니지만, 그래도 제법 많은 유명 브랜드의 신발류를 거느린 쇼룸이 하나 더 있다. 이태리, 프랑스인들이 꽉 잡고 있는 쇼룸 세계에서 당당히 자신만의 상설 쇼룸을 갖고 있는 아시아인이 운영하는 쇼룸이다. 아시아에서 쇼룸 비즈니스가 가장 발달한 일본의 온워드카시야마그룹이 운영하는 온워드럭셔리그룹Onward Luxury Group은 책의 말미에서 만나보자.

Massimo Bonini 마시모보니니

247 Showroom 247쇼룸

since 2008

address

Milano
Via Palermo, 10, 20121
Milano MI, Italy

Paris
Hôtel de La Salle 21 Rue de
l'Université, 75007 Paris, France
Tel. +39 02 78 62 76 50

e-mail :
info@247showroom.it
sales@247showroom.it

3

Italy
France

◀

247쇼룸 파리 전경

▼

247쇼룸 밀라노 전경

Story
설립 스토리

    247쇼룸은 컨템포러리 브랜드와 디자이너의 판매 전략, 마케팅, 그리고 스카우팅을 위해 2008년 야심차게 오픈했다. 밀라노를 본거지로 하며 국제적인 관심을 얻을 만한 브랜드들을 스카우트해왔다. 43개국에 걸쳐 1,000여 개가 넘는 전 세계 리테일러*Retailer*, 백화점, 편집숍에 선보일 플랫폼을 제공하기 위해서다. 또한 밀라노, 파리, 뉴욕에 헤드쿼터를 두고 있다. 각국에서 발굴한 디자이너들을 다른 도시 헤드쿼터를 통해 소개함으로써 패션계에 신선한 바람을 불어넣고자 한다.

    이런 원칙과 목표를 두고 열심히 노력한 결과, 열 살밖에 되지 않은 쇼룸이 이미 전 세계 패션 마켓에서 매우 중요한 역할을 해나가고 있다.

About Fashion

247쇼룸의 패션 철학

패션은 편한 실용 예술이다. 예술이므로 창의적이어야 하고, 실용적이어야 하므로 마켓의 요구를 읽어낼 줄 알아야 한다. 그리고 삶을 지루함으로부터 구해내는 편함을 지니고 있어야 한다. 또 패션은 커뮤니케이션 수단이다. 그래서 디자이너들이 세상에 전하고자 하는 메시지가 디자인에 잘 녹아 있어야 한다. 쇼룸은 패션 아이템, 브랜드의 배경, 콘셉트를 통해 디자이너의 이야기와 메시지가 소비자에게 제대로 전달될 수 있도록 도와주어야 한다.

◀
Sanayi313의
유니크한 블로퍼

▲
오래된 저택을 호텔로
개조한 공간,
파리 패션 위크 기간
247쇼룸으로 사용된다.

브랜드 큐레이팅 기준

밀라노, 파리, 뉴욕에 있는 헤드쿼터를 기반으로 한다. 각 도시의 스텝들이 가능성 있는 디자이너뿐 아니라 이미 명성 있거나 차츰 유명세를 타고 있는 디자이너와 브랜드를 발굴한다. 그리고 다른 도시에 있는 스텝들과 함께 마켓의 요구가 무엇인지 리서치하여 협력업체와의 계약 여부를 결정한다.

가장 큰 기준은 '디자이너나 브랜드가 세상에 전하고 싶은 스토리와 콘셉트가 있는가?'다. 그 스토리가 그들의 컬렉션을 통해 제대로 전달되고 있는지를 잘 살펴본다.

지극히 주관적이고
사심 가득한
운영자 최애 브랜드

247쇼룸을 통해 소개되고 있는 브랜드

Brands

3.1 Phillip Lim	Giacobino	R13
A.P.C.	Helder Vices	Rag & Bone
Arcosanti	Iceberg	Rokh
Army by Yves Salomon	IRO	Sanayi313
Blazé Milano	John Elliott	Simon Miller
Buttero	Kenzo	The Editor
C2H4	Mackintosh	Victoria Beckham
CHAOS	Mackintosh 0001	Victoria Victoria Beckham
Courrèges	Maison Rabih Kayrouz	Visitor on Earth
Cult Gaia	Marskinryyppy	Yves Salomon Men
Each X Other	Matthew Adams Dolan	Zeus+Dione
Ellery	Meteo by Yves Salomon	
Eytys	Pieces	
Filling	Pressure	

Army by Yves Salomon

since 1972

| Luxury | 🇫🇷 France |

이브살로몬*Yves Salomon*은 원래 럭셔리 퍼 가죽 전문 브랜드였다. 화려하고 여성스러운 고급 퍼 라인과 레이저 컷의 화려한 가죽, 셔링 등을 만들어왔다. 현재 4대손에 의해 운영되고 있는 패밀리 비즈니스 브랜드다.

패션 트렌드에 따라 오랜 역사를 지닌 이 브랜드에도 변화의 바람이 불고 있다. 젊은 감각으로 더 광범위한 고객층에게 다가가기 위해 아미바이이브살로몬*Army by Yves Salomon*과 메테오바이이브살로몬*Meteo by Yves Salomon*을 론칭한 것이다.

아미와 메테오, 두 브랜드 모두 퍼 밀리터리 재킷 전문 브랜드다. 여성스러움의 정점에 있는 럭셔리 퍼 전문 브랜드 이브살로몬의 이미지와는 정 반대의 중성적, 아니 거의 남성적이라고 할 수 있는 야상 전문 브랜드다.

Each X Other
since 2012

| Contemporary | 🇫🇷 France | Ilan Delouis & Jenny Mannerheim |

이치앤아더Each X Other는 패션 디자이너 일란 델루이스Ilan Delouis와 아트 디렉터 제니 만너하임Jenny Mannerheim의 만남에 의해 탄생했다. 브랜드 이름은 영국 시인 로버트 몽고메리Robert Montgomery가 쓴 시의 한 구절인 'Safe and warm here in the fire of each other'에서 영감을 얻어 지었다. 일란과 제니는 여성을 위한 매우 남성적인 워드로브를 만들자고 뜻을 모은 뒤 유니섹스 스타일의 컬렉션을 선보였다. 예술가, 음악가, 시인, 필름메이커와 패션 디자이너들을 초대해서 그들의 컬렉션을 위한 모델을 디자인하는 협업 브랜드가 탄생했다. 럭셔리 패브릭과 시간을 초월하는 컬러 코드, 기본적인 핏이 이치앤아더가 추구하는 미학이자 시그너처 룩이다.

마지막 단계에 그래픽 디자인, 페인팅, 시와 이미저리 등의 예술적인 터치를 더함으로써 아이템 하나하나에 펀함을 부여한다.

예술과 패션이 만나 탄생한 이치앤아더에서 내가 가장 좋아하는 아이템은 재미난 슬로건이 쓰여 있는 패치 셔츠들이다. 대부분의 아이템이 협업에 의해 탄생하므로 다음 시즌은 누구와의 협업 작품이 나올까 궁금증을 자아낸다.

Sanayi313
since 2015

| Luxury | 🇹🇷 Turkey | Enis Karavil & Amir Karavil & Serena Uziyel |

인테리어 건축가인 에니스 카라빌Enis Karavil 과 기업가인 아미르 카라빌Amir Karavil, 그리고 그들의 오랜 친구인 디자이너 세레나 우지엘 Serena Uziyel이 모던 디자인, 패션, 아트, 음식에 대한 열정을 가진 사람들의 라이프스타일 스토어를 만들겠다는 목적으로 2015년 만든 브랜드가 사나이313Sanayi313이다. 이스탄불에 오픈한 라이프스타일 스토어에서는 패션과 가구, 홈 인테리어 용품을 팔며 한쪽에서는 매우 세련되고 고급스러운 건강식을 파는 레스토랑도 운영한다.

사나이313 하면 떠오르는 것은 메탈 자수로 화려하게 수놓은 뮬 라인이다. 금으로 도금되어 있어서 빨간 카펫이 깔려 있는 곳에서나 신어야 할 것 같지만, 정말 아름다운 뮬이다. 작은 키에도 불구하고 꼭 하나 사 신고 싶은 잇 아이템이다. 예뻐도 너무 예쁜데, 비싸도 너무 비싸다.

The Editor

since 2011

| Contemporary | 🇮🇹 Italy | Creative Director: Vincenzo Modesti |

이탈리아 볼로냐에서 태어난 이 브랜드는 스타일과 퀄리티를 모토로 한다. 신경 안 쓴 듯이 툭 걸쳐 입어도 멋진 옷, 정통성, 편안한 라이프스타일 등이 브랜드 철학의 중심에 있다. 디에디터 The Editor는 재미나고 펑키한 디자이너들의 상상력과 장인의 손기술이 합쳐진 결과물이다. 브랜드명 그대로 디에디터는 디테일, 자수, 스터드와 프린트 등을 사용해 패피들의 옷장을 신선하게 개혁시키고 편집 edit하고자 한다. 트위스트가 있는 클래식으로 남녀 모두에게 워드로브를 제공하는 것이 목표다.

스트리트웨어와 이탈리안 테일러링 전통을 믹스 앤 매치하여 유니크한 컬렉션을 선보인다. 스트리트웨어라기엔 클래식하고, 클래식한 웨어라고 하기에는 스트리트웨어 분위기가 나는 브랜드다.

Victoria Beckham

since 2008

| Luxury | 🇬🇧 UK | Victoria Beckham |

여성스러우면서도 깔끔하고 도회적인 미니멀리즘을 선사하는 브랜드다. 고급스러운 디테일의 재킷과 코트가 시그너처 아이템이다. 유행을 따르지 않는 고급스러운 미니멀리즘 의상이기 때문에 10년 후 딸에게 물려줘도 전혀 촌스럽지 않고 모던하게 느껴질 것이다. 컬러 팔레트도 블랙 앤 화이트가 주를 이루며 레드, 골드 등 시즈널 컬러가 양념처럼 조금 사용된다.

세컨 라인 빅토리아빅토리아베컴*Victoria Victoria Beckham*은 오리지널 브랜드보다 다양한 컬러 팔레트가 특징이다. 주로 캐주얼하고 귀엽고 여성스러운 룩을 선보인다.

빅토리아 베컴*Victoria Beckham*이 선글라스를 애용하는 만큼 이 브랜드의 선글라스 라인도 빠르게 성장하고 있다.

MD Insight
엠디 인사이트

인터내셔널 세일즈 총책임자쇼룸 오너의 절친이자 쇼룸의 창립 멤버와 오랫동안 인터뷰를 했는데, 오너는 매우 잘 놀고 편하며 젊은 사람이라고 한다. 겐조, 이치앤아더, R13 등 그가 쇼룸에서 전개하는 브랜드만 봐도 그의 성격을 알 수 있을 듯했다. 겐조, 이치앤아더, 이로는 현재 우리나라 대기업이 독점으로 가지고 있는 브랜드라 바잉은 불가하지만 그 외에 다른 브랜드들은 바잉이 가능하다. 그런데 우리나라 바이어들을 위한 좋은 소식이 하나 있다. 2018년 말이면 이로의 독점 계약이 끝난다고 한다. 이후에는 바잉이 가능하므로 관심 있는 바이어들은 꼭 연락해보기를 바란다. 그들의 파리 쇼룸은 고ㅎ저택을 호텔로 개조한 곳인데 정말 아름답기 그지없다.

247 Showroom 247쇼룸

Marcona 3
마르코나3

since 1996

이탈리아 쇼룸으로 밀라노와 파리에 쇼룸을 두고 있다. 쇼룸 이름인 마르코나3은 그들의 이탈리아 주소에서 따왔다. 그 유명한 편집숍 10꼬르소꼬모 *10 corso como*의 이름이 그들의 주소에서 따왔 듯이 말이다.

address

Milano
Via Marcona, 3, 20129
Milano MI, Italy
Tel. +39 02 5412 0359

Paris
Passage de Retz 9 Rue
Charlot, 75003 Paris, France
Tel. +39 335 7870401

e-mail: marcona3@marcona3.com

4

- Italy
- France

Story
설립 스토리

설립자이자 CEO인 피에로 토르디니Mr. Piero Tordini는 원래 슈즈 디자이너였다. 80년대 새롭게 생겨나던 쇼룸들을 보며 그는 쇼룸 비즈니스라는 새로운 모험을 시작하기로 결심한다. 20년 전 그의 결정은 오늘날 세계에서 가장 유명하고 영향력 있는 쇼룸 중 하나인 마르코나3Marcona 3 쇼룸을 탄생시켰다. 아이디어가 반짝반짝 빛나고 어리며 재능 있는 패션계 인재들을 전 세계 바이어와 연결시키고자 탄생한 마르코나3은 현재 그 역할을 충실히 해내고 있다.

▲
파리 쇼룸 입구

▶
영한 컬렉션을
선보이는 2층 쇼룸

| About Fashion |
마르코나3의 패션 철학

피에로 토르디니는 패션이 일종의 예술이라고 말한다. 그에 의하면 말하지 않고도 소통할 수 있는 힘을 지닌 것이 바로 패션이다. 패션은 다른 형식의 예술이나 언어보다 훨씬 직접적이고 분명한 방식으로 소통할 수 있는 강력한 힘을 갖고 있다. 그래서 마르코나3은 세계를 향해 전하고자 하는 분명한 메시지가 있는 디자이너들을 발굴하는 데 초점을 두고 있다. 패션은 소통의 예술이고, 마르코나3은 그 메시지를 세계로 퍼뜨리는 스피커인 셈이다.

마르코나3은 쇼룸을 통해 문화, 디자인, 패션을 향한 전문적인 지식과 열정을 나누고자 한다. 스텝들 각자가 가진 고유한 특성으로 새로운 재능을 찾고, 또 그 재능의 철학을 보다 많은 대중에게 소개하는 게 목표다. 이들의 임무는 독특한 브랜드를 발굴하여 가장 정확한 세일즈 서비스를 통해 그에 꼭 맞는 고객들과 연결시켜주는 것이다. 또한 고객이 브랜드 셀렉뿐 아니라 각 브랜드 내에서 셀렉한 아이템이 최종 소비자에게 전달되기까지 완벽히 서포트하도록 브랜드 커뮤니케이션을 돕는다.

마르코나3에게 있어 매 시즌은 새로운 스타일을 제안하

는 산뜻한 방법이자 매우 흥미진진한 모험이다.

브랜드 큐레이팅 기준

요즘처럼 자기 목소리를 내고지 하는 디자이너가 많았던 적은 아마 패션 역사에서 드물 것이다. 그만큼 개성 있는 브랜드가 새롭게 등장하고 있고, 그런 브랜드를 찾고 연구해야 하는 쇼룸의 역할도 더 커졌다. 마르코나3은 지금껏 쌓아온 '좋은 퀄리티의 상품에 대한 지식'을 바탕으로 브랜드의 옷을 하나하나 살펴본다. 신진 디자이너의 경우에는 컬렉션과 디자이너를 만나본 후 함께 할 브랜드인지 아닌지를 결정한다. 브랜드와 그 창조자인 디자이너가 세상을 향해 전할 메시지가 있으며 컬렉션을 통해 세상과 소통할 수 있다고 판단되면, 마르코나3은 그 브랜드를 선택하여 함께 마켓을 키운다. 소통 능력과 하고픈 말statement이 있다는 것은 곧 성장의 퍼텐셜이 있다는 뜻이고, 마켓 속에서 자신을 잘 지키며 입지를 다져나갈 수 있다는 의미이기 때문이다.

쇼룸을 둘러보면 알겠지만, 마르코나3의 정체성을 한마디로 표현하자면 스트리트웨어 정신이다. 전통과 체제에 길들여지지 않는 반항 정신과 자유로 가득한 스트리트웨어야말로 세상을 향해 전하고자 하는 강력한 메시지를 가장 잘 보여주는 패션이다.

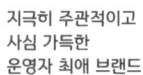

지극히 주관적이고
사심 가득한
운영자 최애 브랜드

마르코나3을 통해
소개되고 있는 브랜드

Brands

의류	Andrea Crews	Ih Nom Uh Nit	RtA(NEW)
	Attico	Laneus	Salvatore Santoro
	Boy London	Les (Art)ists	Silvia Astore(NEW)
	Danielle Guizio	Numerootto	Sold Out FRVR
	GCDS	Represent(NEW)	Tagliatore 02-05
	History Repeats	Route des Garden	The Fan(NEW)

액세서리	Atelier Oblique(NEW)	Mark Buxton Perfumes	Stigerwoods(NEW)
	Destin	OdeJo	The Beautiful Mind Series(NEW)
	Escentric Molecules	Ottone(NEW)	Unique Design Milano(NEW)
	Kumano Koido Teddy Bears	Rewind Vintage	

신발	Attico Shoes	GCDS Shoes	Matt Moro(NEW)
	Chie Mihara	Gia Couture(NEW)	Repetto
	ETQ	MABU by Maria Bk	Veja(NEW)

요즘 가장 잘 팔리고 핫한 브랜드로는 Attico와 GCDS가 있다. 럭셔리 스트리트웨어가 전 세계적으로 유행하는 덕분에 하드코어 스트리트웨어라 할 수 있는 GCDS가 매 시즌 엄청난 성장을 하고 있다.

Attico
since 2016

| High Contemporary-Luxury | 🇮🇹 Italy | Gilda Ambrosio & Giorgia Tordini |

두 명의 아름다운 이탈리안 디자이너 길다 암브로시오*Gilda Ambrosio*와 조지아 토르디니*Giorgia Tordini*는 옛 시절의 긴 드레스에 언제나 큰 매력을 느꼈다. 집에서 쉴 때 아무렇게나 걸친 듯한 기다란 로브, 스팽글로 가득한 긴 드레스, 데님이나 가죽과 함께 히피룩으로 연출하면 좋을 법한 살랑살랑한 소재의 긴 드레스가 이들의 이상이었다.

길다와 조지아는 이상을 현실로 이루고자 2016년 2월 아티코*Attico*라는 드레스 전문 브랜드를 론칭한다. 아티코는 이탈리아어로 펜트하우스라는 뜻이다. 펜트하우스에 사는 여인처럼 우아하고 페미닌하며 동시에 캐주얼한 확신으로 가득 찬 옷을 만든다.

할머니의 옷장에 있던 아이템에 현대적인 감각을 입힌 드레스는 사실 파티 문화가 없는 국내 정서에는 별로 맞지 않는다. 하지만 이티코는 마르코나3 쇼룸에서 가장 잘 팔리는 브랜드 중 하나다. 아티코의 아이템 대부분이 드레시하기 때문에 스트리트웨어 전문 쇼룸인 마르코나3에서 살짝 생뚱맞아 보일 수 있다. 그러나 믹스 앤 매치가 유행인 요즘, 데님과 가죽 재킷 등과도 잘 어울린다.

GCDS
since 2015

| Contemporary | 🇮🇹 Italy | Giuliano Calza & Giordano Calza |

브랜드 이름 GCDS는 '신도 스트리트웨어는 파괴할 수 없다*God Can't Destroy Streetwear*'는 문장의 두문자어*acronym*다. 브랜드 이름에서 하드코어 스트리트웨어임을 단번에 알 수 있다. 80-90년대 젠더리스*genderless* 락 앤 펑크룩의 럭셔리한 부활이다. 그래픽이 잔뜩 들어가 있는 스웨터, 오버사이즈의 헐렁한 유니섹스 티셔츠와 스웨트셔츠, 여기저기 찢어지거나 낡아 해진 듯한 톱과 데님 등은 모두 이탈리아 공방에서 수작업으로 만들어진다. 그중에서도 GCDS의 시그너처 아이템은 GCDS라는 영문 로고가 대문짝만 하게 박힌 질 좋은 티셔츠와 헐렁한 스웨트셔츠다.

브랜드의 인기가 높아지면서 슈즈도 매우 큰 인기를 얻고 있어 슈즈 라인도 점점 강화되는 추세다. 디자인도, 제조도 밀라노의 공방에서 이루어진다.

스포츠웨어와 스트리트웨어의 터프하고도 럭셔리한 특징이 돋보이는 브랜드다. 만 3년도 안 된 브랜드인데, 럭셔리 스트리트웨어의 붐을 타고 전 세계 유명 편집숍에 거의 다 입점해 있을 정도로 큰 성공을 누리고 있다.

History Repeats
since 2010

| Contemporary | 🇮🇹 Italy | Michele Rossi |

정확한 이유는 잘 모르겠으나, 럭셔리 밀리터리웨어를 만드는 곳은 대부분 이탈리아 회사다. 밀리터리 웨어의 기본인 중고 군복은 주로 미국에서 수입한다.

히스토리리피츠 History Repeats는 처음에는 중고 군복을 세탁한 후 분해하고 해체해서 재조립한 다음 수를 놓거나 장식을 붙였다. 그러나 이제는 전 세계적인 수요를 감당하지 못해 기본이 되는 옷부터 만들어내고 있다. 재료부터 제조까지 100% Made in Italy인 것이다. 중고 군복을 가지고 럭셔리한 하이레벨 컬렉션을 만들려 한 역발상 자체가 신선하다. 세계적으로 일고 있는 컨템 무드 mood와 핸드메이드로 제작한 기법이 완벽한 조화를 이룬다고 평가받는다.

2-3시즌 전까지만 해도 온갖 형태의 밀리터리 재킷이 대세였다. 그런데 마켓의 요구에 의해, 그리고 아마도 더 팔고 싶은 쇼룸의 요구에 의해 이 재킷들과 매치하기 편한 티셔츠, 면 팬츠, 데님 팬츠 등을 소개하며 풀 컬렉션 브랜드를 향한 행보를 시작했다.

디자이너 미켈레 로시 Michele Rossi가 그리는 이상적인 여성상은 언제나 선두에 서 있는 역동적이고 여왕 같은 여성이다. 그녀는 밀리터리 아웃핏을 입고 있을 때조차도 여성성과 감성을 잃지 않는 에너지 넘치면서도 감각적인 여성이다. 많은 야상 브랜드 중 아마도 가장 여성스러운 밀리터리 야상 브랜드가 아닐까 한다.

Ih Nom Uh Nit

since 2015

| Luxury | 🇫🇷 France / 🇺🇸 USA | Creative Team |

이놈어닛 Ih Nom Uh Nit은 프랑스 파리와 미국 LA에 각각 크리에이티브 팀을 두고 탄생한 럭셔리 라이프스타일 브랜드다. 가구, 귀금속 액세서리, 향수, 그리고 개성 넘치는 RTW 라인을 선보인다. 마르코나3에서는 그들의 RTW 라인만을 소개한다.

2017년 3월, 17 FW 컬렉션을 보러 마르코나3에 들렀을 때, 마돈나가 입어야 할 것 같은 럭셔리한 청재킷이 눈에 들어왔다. 수작업으로 진주 장식을 가득 채워 만든 청재킷은 정말이지 너무 예뻐서 그 자리에서 퍼스널 오더를 넣겠다고 떼를 쓰고 싶은 정도였다. 헉 소리가 날 만큼 비싼 가격에 비로소 정신을 차리고 엠디 본연의 자세로 돌아올 수 있었다. 슈퍼 엠디가 이성을 잃을 만큼 초현실적으로 예쁘고, 정신이 번쩍 들 만큼 초현실적으로 비싼 재킷이었다. 오직 수작업으로만 만드는 이 최고가의 럭셔리 라인은 파리와 LA에 있는 공방에서 철저한 관리 감독 하에 제작된다.

이런 고가 아이템들은 매우 제한적인 구매층을 위한 것이지만, 실제로 이 브랜드가 유명해진 것은 까만 바탕에 커다란 유명인의 얼굴이 똑바로, 또는 거꾸로 프린트된 티셔츠와 스웨트셔츠다. 가격도 마음먹으면 사 입을 수 있을 정도다. 이 라인이 바로 브랜드 이놈어닛의 캐시카우 Cash Cow 역할을 하는 아이템이다.

크리에이티브 팀원들은 다양한 문화적 요소를 반영하고 최고급 소재를 발굴하기 위해 세계 각국으로 여행을 많이 한다. 소재 발굴, 디자인, 제작까지 두 공방에서 일하는 팀원이 모두 해내고 있다.

초고가의 수작업 라인, 스트리트웨어 느낌이 강하게 풍기는 셔츠와 스웨트셔츠 라인을 동시에 운영하는 이 브랜드의 행보가 흥미롭다.

Represent
since 2012

| Contemporary | 🇬🇧 UK | George Heaton & Mike Heaton |

마르코나3의 오너와 큐레이터들이 18 FW에 야심차게 준비한 브랜드가 있다. 오너는 "리프레젠트Represent와 알티에이RtA는 18 FW부터 우리 식구가 된 브랜드인데, 많은 기대를 걸고 있습니다. 많은 관심과 사랑 부탁드립니다"라고 말하기도 했다.

리프레젠트는 영국 스트리트웨어 정신에 충만한 브랜드라고 소개되지만, 언뜻 본 그들의 컬렉션은 스포츠웨어 정신에 훨씬 충만한 듯하다. 최고급 소재를 통해 모던 하이엔드를 추구하면서도, 디자인에 있어서는 에슬레저Athleisure, 일상복처럼 입는 운동복 스타일을 믹스한다. 대부분의 영국 브랜드들이 매우 높은 가격대인 것과는 달리 상당히 합리적인 가격대다.

RtA

since 2016

| Contemporary | 🇺🇸 USA |

'Road to Awe경외감으로 가는 길'의 두문자어다. 알티에이RtA는 그저 하나의 패션 브랜드가 되는 것을 지양한다. 마르코나3 쇼룸이 원하는 소통으로서의 브랜드를 지향한다. 하나의 움직임, 경향을 만들어내고자 하는 목적으로 론칭했다.

옷은 표현의 형식으로 사용되어야 한다는 믿음 하에 옷을 만든다. 알티에이의 옷은 무심히 걸쳐 입어도 시크해 보여야 하고, 입을 사람의 생각을 고양시켜야 한다고 생각한다. 또한 알티에이의 옷을 입는 사람은 늘 확신에 차 있다고 믿는다. 알티에이는 단순한 의류 브랜드를 넘어 마음의 상태를 나타내고자 한다.

이 브랜드는 헬무트랭Helmut Lang 같은 락 앤 펑크 스트리트웨어 스타일 브랜드다. 컬렉션의 크기도 제법 크고 다양하니 락 앤 펑크 스트리트웨어가 강한 편집숍의 바이어라면 주의 깊게 볼 만하다.

MD Insight
엠디 인사이트

원래 2017년 3월^{2017 FW 컬렉션}까지만 해도 이 쇼룸의 가장 큰 방을 제레미 스캇^{Jeremy Scott}이 차지하고 있었다. 그런데 같은 해 9월에 갔더니 그 방은 다른 브랜드로 채워져 있었다. 제레미 스캇은 확보한 고객들을 바탕으로 모노 쇼룸으로 나갔다며, 쇼룸 담당자가 씁쓸하게 말했다.

열심히 키우던 브랜드를 다른 쇼룸에 빼앗기기도 하고, 또 모노 쇼룸으로 내보내며 협업을 끝내기도 한다. 그래서 알티에이나 리프레젠트 같은 퍼텐셜 큰 브랜드를 계속해서 발굴하고 키워나가야 한다. 이런 의미에서 멀티 라벨 쇼룸들은 멀티숍과 같은 고민을 하고, 언제든지 사라져버릴 수 있는 캐시카우에 대비해 제2, 제3의 주요 브랜드를 키워두어야 한다. 그래서 마르코나3의 브랜드 리스트를 보면, (NEW)라고 표시된 브랜드가 유독 많은 것을 알 수 있다.

많은 이탈리아 쇼룸들이 'Made in Italy', 'Rising Italian Brands'만을 쇼룸에 영입하는 것과 달리, 마르코나3은 이탈리아뿐 아니라 미국, 영국 등 국경을 따지지 않고 자신들의 세계관과 맞다고 생각하면 주저하지 않고 소개한다. 좋아할 수밖에 없는 쇼룸 중 하나다. 한국 어카운트가 많은 것도 장점이다. 한국만 전담하는 세일즈 직원이 따로 있을 정도다.

Marcona 3
마르코나3

Ordre 오드르

**Luxury online virtual wholesale showroom :
Invitation only**

since 2015

2017년 9월, 2018 SS 컬렉션 파리 패션 위크 기간 동안 론칭을 알리는 오프라인 쇼룸을 오픈했다. 온라인 버츄얼 쇼룸이므로, 웹 주소 www.ordre.com가 그들의 주소인 셈이다.

Story
설립 스토리

▲
매우 적극적으로 인터뷰에 응한
사이몬 피 락의 뒷모습

사이몬 피 락Simon P Lock과 커스틴 락Kirstin Lock이 2015년에 공동으로 설립했고, 후에 패션 비즈니스계의 혁신가들 25명으로 구성된 이온인터내셔널리미티드Aeon International Limited에 의해 보다 공고하게 사업화된다.

사이몬은 25년간이나 패션계에서 일한 패션 비즈니스 업계의 대부이며 매우 화려한 경력을 자랑한다. 뉴욕, 런던, 도쿄 등 주요 패션 도시에서 다양한 홀세일 쇼룸을 만들었고 메이저 패션 브랜드를 위한 글로벌 마케팅 캠페인도 진행했으며 온라인 패션 산업의 선구자였다. 메르세데스 벤츠 패션 위크 오스트레일리아Mercedes Benz Fashion Week Australia의 설립자이기도 하다.

공동 설립자인 커스틴 락은 디자이너 포트폴리오와 비주얼 영역의 크리에이티브 디렉터 역할을 맡고 있다. 그녀는 샤넬Chanel, 크리스티앙디오르Christian Dior, 토리버치Tory Burch, 도나카란Donna Karan, 매튜윌리엄슨Matthew Williamson, 겔랑Guerlain, 클라란스Clarins 등 유명 브랜드의 미디어 캠페인과 광고를 담당한 베테랑이다.

사이몬은 25년간의 쇼룸 비즈니스를 통해 다양한 패션 브랜드들과 전 세계 바이어들을 직접 만나왔다. 그러던 중

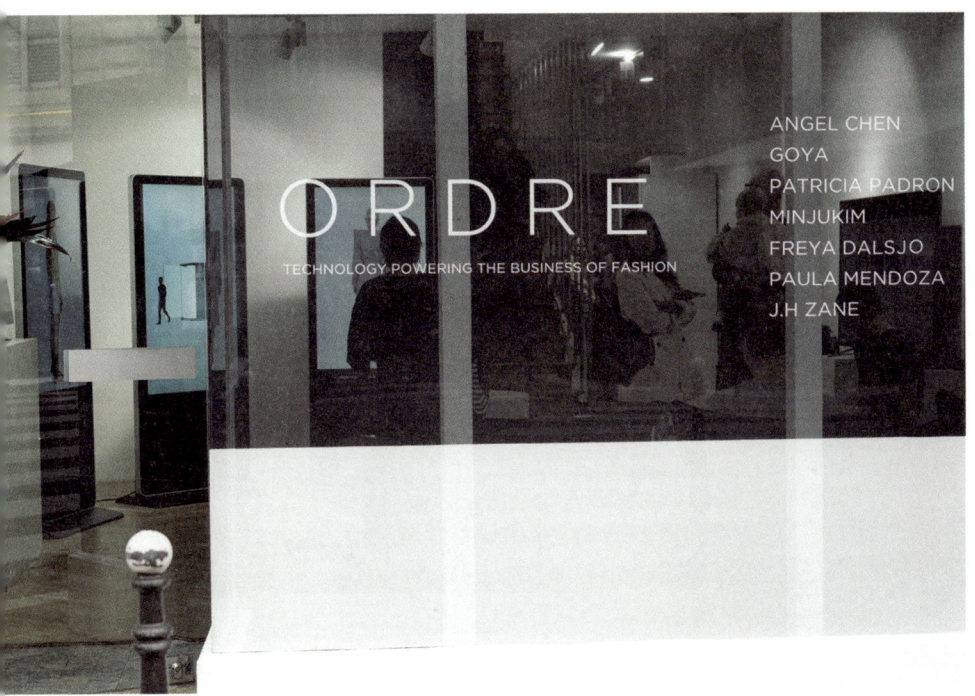

사이몬은 매 시즌 장거리 여행을 해야 했던 바이어들이 시차 때문에 고생하며 오더하는 모습을 보게 된다. 또 비싼 비행기 값, 높은 숙박비^{패션 위크 기간에는 런던, 파리, 뉴욕, 밀라노 등 모든 패션 도시의 방값이 매우 비싸다} 등에 대해 컴플레인하는 것을 듣게 된다. 그는 전통적인 홀세일 바잉 방식이 시간과 돈을 낭비하는 비효율적인 프로세스라는 생각을 갖게 되었고 이를 개선할 방법을 고민했다. 그 결과 오프라인의 바잉 프로세스를 그대로 모방하여 획기적이고 효율적이며 사용하기 정말 간편한 가상현실 쇼룸 virtual showroom 오드르 Ordre를 론칭하게 된다.

[About Fashion]
오드르의 패션 철학

사이몬은 패션이라면 모름지기 편하고 편해야 한다고 말한다. 입는 사람도, 만드는 사람도, 바잉하고 파는 사람도 그래야 한다고 생각한다. 그가 말한다.

"새로운 컬렉션을 보기 위해 장거리 여행을 하거나 비싼 숙박비를 지불할 필요가 없다면 어떨까요? 런웨이뿐 아니라 컬렉션 전체를 하나하나 여러 각도에서 볼 수 있는 360° 버츄얼 쇼룸을 통해 사무실에 앉아 오더할 수 있다면 바이어로서 매우 편리하겠지요. 장거리 여행을 하지 않아 아낀 부분만큼 정가도 저렴해질 테고 여러 모로 좋을 거예요. 만져보거나 입어보지 못하고 오더해야 하니 처음에는 망설여지고 두렵겠지요. 하지만 거의 실제 바잉처럼 위아래, 가까이 또 멀리, 런웨이에서 모델이 입고 걷는 모습, 옷이 랙에 걸려 있는 모습, 일반 모델이 옷을 입고 있는 모습 등을 360°로 볼 수 있으니 점차 자신 있게 오더를 넣을 것이라고 판단했어요. 실제로 그런 바이어들이 빠르게 늘고 있습니다. 오드르가 제공하는 글로벌 플랫폼은 디자이너와 리테일러에게 큰 도움이 될 것입니다. 패션은 누구에게라도 편하고 편해야 합니다! 오드르가 바잉 프로세스를 훨씬 편하고 편하게 만들어줄 것입니다."

파리, 밀라노, 런던, 뉴욕, 시드니, 상하이, 서울, 도쿄에 기반을 둔 오드르 매니저들이 바이어와 디자이너 양쪽을 직접 돕는다. 오더, 페이먼트, 딜리버리 등 전반적인 업무를 돕기 때문에 오더 과정이 매우 간단하다. 너무 멀어 갈 수 없는 호주의 시드니 컬렉션도 이제 전 세계 어디서건 바잉이 가능해졌다. 오드르는 전 세계 주요 바이어 리스트를 모두 가지고 있다. 또 매우 많은 디자이너 풀을 갖고 있기 때문에 서로가 서로를 쉽게 만날 수 있는 거대 플랫폼이 되었다. 온라인 쇼룸이 아니면 만나기가 거의 불가능한 브랜드와 리테일러들에게 만남의 가능성을 열어주고 있다.

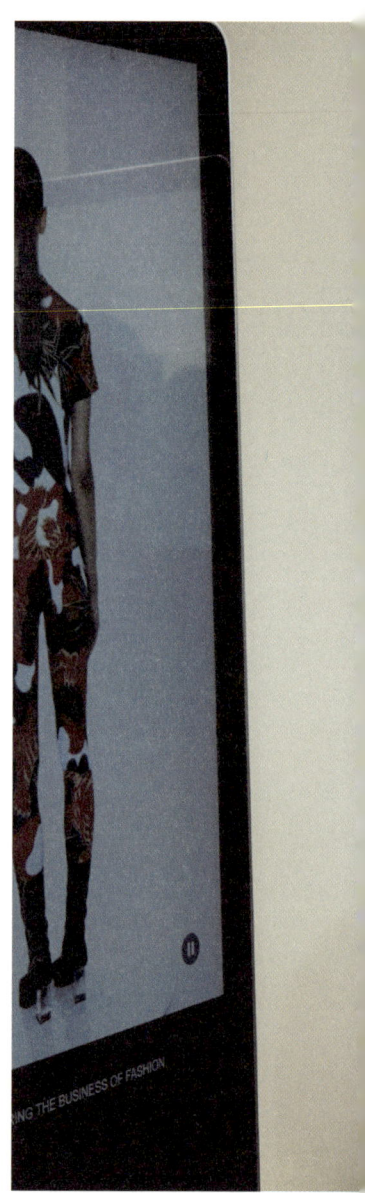

브랜드 큐레이팅 기준

이미 확고하게 자리 잡은 유명 브랜드뿐 아니라 재능 있고 시크하며 진취적인 디자인에 고급 퀄리티를 가진 브랜드라면 신진 디자이너도 입점시킨다. 단 로우 컨템이나 가격이 저렴한 매스 브랜드는 제외하고 하이 컨템부터 럭셔리까지 고급 브랜드만을 선택한다. 오드르가 보유한 많은 디자이너 브랜드 가운데 이미 유명 백화점이나 편집숍 등에 입점해 있는 브랜드도 많다. 브랜드의 네이버링*Neighboring* 과 포지셔닝을 매우 중요한 큐레이팅 포인트로 생각한다.

신진 디자이너의 경우 공고한 패션 플랫폼이나 큰 기관에서 상을 받은 디자이너들을 주로 영입한다. FFWD *Fashion Forward Dubai*, IWP*Fashion Hub Market by Camera Della Moda and The International Woolmark Prize* 같은 브랜드 인큐베이터와 일하며 신진 디자이너에 대한 정보를 나눈다.

지극히 주관적이고
사심 가득한
운영자 최애 브랜드

오드르를 통해 소개되고 있는 브랜드

Brands

Angel Chen	Eudon Choi(FFWD)	Madiyah Al Sharqi(FFWD)
Anna K.	FFWD	Matthew Miller(IWP)
Antar-Agni(IWP)	Goya	Max V. Koenig
Armando Cabral	Grandpa	N°21
Astrid Andersen	Gustav Von Aschenbach	N-p-Elliott
BlairArchibald(IWP)	Harman Grubiša(IWP)	Paula Mendoza
Bodice(IWP)	Hærværk	Paule Ka
Charles Jeffrey Loverboy	JH. Zane	Proenza Schouler
Cote & Ciel	Joseph	Robert Geller
David Laport(IWP)	Kye(IWP)	Sid Neigum(FFWD)
Designer Ordre	Lara Khoury	SixLee(IWP)
Deveaux	Le Kilt(IWP)	Skiim
Dion Lee	L'Homme Rouge(IWP)	The Lost Explorer
Dyne(IWP)	Linder	Zaid Affas(IWP)

Angel Chen
since 2014

| Luxury | 🇬🇧 UK | Angel Chen |

중국 심천에서 태어나 런던에서 교육받은 엔젤 첸*Angel Chen*은 영국 센트럴세인트마틴에서 공부했다. 그녀는 졸업 작품으로 'Les Noces(The Wedding)'라는 이름의 컬렉션을 만드는데, 그것이 'Top 5 graduate designers of the year'에 뽑히게 한다. 그리고 다음해 자신의 이름을 딴 브랜드 엔젤첸*Angel Chen*을 론칭한다. 첸은 중국이 새로운 패션 파워로 주목받게 하는 데 혁혁한 공을 세운 디자이너다. 2016년에는 〈포브스〉가 뽑은 '예술과 디자인 부문 가장 중요한 30대 미만 사업가 30명 *30 Under 30*'에도 이름을 올렸다. 믹스 앤 매치 패브릭, 중국을 떠올리게 하는 과한 자수, 말괄량이 같고 어디로 튈지 모르는 자유로운 영혼, 엄청나게 과감한 색채 등이 엔젤첸의 특징이다.

레인크로포드나 홍콩의 유명 쇼룸인 아이티 *I.T*가 바잉한다고는 하나, 우리나라에서 실제 판매로 이어질지는 미지수다. 센트럴세인트마틴은 정말이지 실험적인 디자이너 제조기 같다. 뭔가 조금 과하다 싶으면 거의 그곳 출신이다. 그런데 엔젤천은 과해도 너무 과하다.

넓은 공간이 필요한 쇼룸이라면 쉽게 선보일 수 없을 만큼 상업성이 없는 브랜드라도 오드르는 아무런 부담 없이 운영할 수 있다. 오드르의 브랜드 리스트에는 일반 쇼룸이라면 볼 수 없는 다양하고 재미나며 매우 아방가르드한 컬렉션도 포함되어 있다.

Astrid Andersen
since 2011

| Luxury | 🇩🇰 Denmark | Astrid Andersen |

아스트리드 앤더슨Astrid Andersen은 덴마크에서 나고 자랐으며 모국에서 공부한 디자이너다. 보그 이탈리아의 탤런트 2010에 뽑히는 등 여러 상을 많이 받았다. 2011년, 코펜하겐 패션 위크에서 첫 번째 컬렉션으로 런웨이 쇼를 했고 런던 패션 이스트 멘스웨어에서 상을 받았다.

앤더슨은 런던에서 자신의 컬렉션을 선보이기 전에 코펜하겐에 있는 스튜디오에서 자신의 컬렉션을 디자인하고 만들었다. '럭셔리와 스포츠의 세계를 융합'하고자 탄생한 그의 브랜드는 세계 패션계의 많은 주목을 받게 된다.

나이키 및 여러 유명 브랜드들과 협업도 진행했다. 처음에는 남성 컬렉션만 만들었으나, 애슬레저웨어의 붐과 함께 유니섹스 컬렉션을 선보이고 있다.

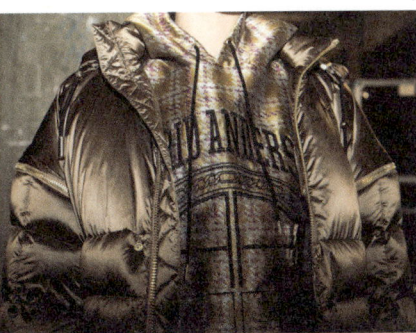

Dion Lee

since 2008

| Luxury | 🇦🇺 Australia | Dion Lee |

    호주에서 나고 자란 디온 리*Dion Lee*의 동명 브랜드는 호주에서 가장 많이 수출되는 브랜드 중 하나다. 시드니 공대를 졸업한 그는 2009년 호주 패션 위크에서 데뷔한다. 테일러링에 대한 건축학적인 접근과 럭셔리한 소재 선택 덕에 컬렉션 발표와 동시에 패션 비평가들과 패셔니스타의 즉각적인 사랑을 얻게 된다. 브랜드 디온리의 모던한 컷과 예술적인 프린트는 패셔니스타들의 옷장을 풍부하게 했다는 평을 받고 있다.

    상복도 많은 리는 2010년, 시드니 오페라 하우스에서 컬렉션 런웨이를 하게 되는 첫 번째 디자이너가 되는 영광까지 누렸다. 2012년에는 런던 패션 위크에 참여하며 국제적인 관심을 받았다. 뉴욕 패션 위크에 데뷔한 2014년에는 아메리칸 보그의 찬사와 주목을 받았다. 브랜드 제조와 사업 헤드쿼터는 시드니에 두고 있지만 뉴욕 헤드쿼터도 그 못지않게 중요한 역할을 하고 있다. 시드니와 뉴욕을 왔다 갔다 하는 매우 인기 있고 바쁜 디자이너다.

JH. Zane

since 2013

| Luxury | 🇬🇧 UK | Juhao Zeng |

디자이너 주하오*Juhao Zeng*는 13년간 런던에서 스타일리스트로 일하며 많은 패션 기사를 썼다. 또 런던 패션계에서 창의적인 디자이너들과 많은 협업을 진행했다. 오랜 기간 스타일리스트로 일해온 경험을 통해 패션에 대한 그의 열정과 비전을 발전시켜나가다, 마침내 2013년 브랜드 제이에이치제인*JH. Zane*을 론칭한다.

그의 이상적인 미학은 건축, 여행, 예술, 그리고 미와 우아함을 창조하고자 하는 열망과 융화된다. 아방가르드하면서도 여성스러운 컬렉션은 매우 공고한 팬층을 자랑한다.

제이에이치제인이 그리는 이상적인 여성은 자신감 있고 두려움을 모르면서도 스타일리시하다. 디자이너 주하오는 여성들을 위한 모던하고 여성스러우면서도 실험적인 옷들을 만들고자 한다. 그는 옷의 목적은 여성을 강하게 하고 사람들에게 영감을 주는 것이라 믿는다. 그러면서도 가장 중요한 것은 입는 사람이 자신감을 느끼고 환상적일 만큼 멋지게 보이도록 하는 것이다. 이것이 바로 패션이 수행해야 할 역할이고, 이것이 제이에이치제인이 해야 할 역할이라고 여긴다. 디자이너 주하오는 매분 매초 이런 이상을 현실화하는 것을 즐긴다.

Proenza Schouler

since 2002

| Luxury | 🇺🇸 USA | Jack McCollough & Lazaro Hernandez |

"프로엔자슐러Proenza Schouler의 첫 파리 데뷔 런웨이 쇼가 2018 SS 컬렉션이었는데, 오드르가 360° 버츄얼 리얼리티로 그들의 런웨이를 찍었지요. 전 세계 바이어들에게 이 멋진 런웨이의 프런트 로우에 앉은 듯한 경험을 제공한 겁니다. 정말 감동적이고 흥미진진했지요"라고 오너 사이먼이 자랑스럽게 말했다.

프로엔자슐러는 이미 더 이상 설명이 필요 없을 정도로 유명한 브랜드다. 잭 맥콜로Jack McCollough와 라자로 에르난데즈Lazaro Hernandez는 파슨스 졸업 작품으로 그들의 첫 번째 컬렉션을 만드는데, 그것이 바로 프로엔자슐러의 첫 컬렉션이다. 컬렉션 전체가 큰 멀티숍 체인백화점만큼 큰!에 의해 바잉되면서 유명세를 타기 시작했다. 프로엔자슐러라는 브랜드명은 두 디자이너의 어머니 처녀 적 성을 합해 만들어졌다.

컨템포러리 아트와 청년문화Youth Culture에서 얻은 영감이 최고의 테일러링과 패브릭을 만나 컬렉션으로 탄생한다. 프랑스나 이탈리아에 비해 뒤떨어져 있는 미국 패션 마켓을 활성화시키는 데 매우 중요한 역할을 한 브랜드다. 보그 패션 상과 스와로브스키 어워드 등 많은 상을 휩쓸었으며 패션계의 스타로 자리 잡았

다. 도버스트리트마켓, 르봉마르쉐, 레인크로포드, 버그도프굿맨 등 유명 백화점과 편집숍에 입점해 있다. 국내에서는 신세계 분더샵에서 인큐베이팅되다가 모노로 독립했다.

MD Insight
엠디 인사이트

2017년 8월 어느 날, 홍콩의 커다란 쇼룸에서 일하던 인터내셔널 세일즈 스텝이 내게 초대장을 하나 보내왔다. 온라인 가상현실 쇼룸인 오드르에 새로이 합류했다며 꼭 방문 해달라고 쓰여 있었다. 워낙 친한 사람의 부탁이기도 하고, 또 가상현실 쇼룸이라는 말에 귀가 솔깃했다. 획기적인 최신식 쇼룸인 까닭이다.

바쁜 일정 중에 들렀더니 방문 선물이라며 관람 안경처럼 생긴 것을 주었다. 핸드폰만 끼워 넣으면 360°로 런웨이와 컬렉션을 정말 실감 나게 볼 수 있었다. 신세계가 열리는 듯했다. 이들은 7개 브랜드의 실제 컬렉션도 전시하며 버츄얼 리얼리티상의 컬렉션과 비교해 보여주었다.

새롭게 바잉하는 브랜드라면 만져볼 수도 입어볼 수도 없기 때문에 바이어로서 바잉을 결정하기가 쉽지는 않을 것이다. 하지만 이미 여러 시즌 바잉해서 핏과 사이즈, 그리고 그들이 사용하는 패브릭 등에 대해 데이터가 많이 쌓인 상태라면 충분히 바잉할 수 있을 만큼 버츄얼 쇼룸은 훌륭했다. 디테일과 패브릭의 질감이 놀라울 정도로 잘 보였다.

▲ 오드르에서 경험하는 버츄얼 리얼리티 런웨이

쇼룸의 창시자이자 공동 오너인 사이몬 사진에서 키 크고 머리가 살짝 벗겨진 분은 론칭한 지 얼마 되지도 않은 오드르에 벌써 너무나도 많은 펀드들이 돈을 대겠다고 줄 서 있다며 자신의 아이디어와 그 실현인 오드르에 매우 큰 자부심을 드러냈다. 그가 선물해준 3D 안경을 얼굴에 갖다대자, 그의 자부심이 괜한 것이 아니었음을 실감할 수 있었다.

가상현실 쇼룸의 문을 연 오드르에 이어 새로운 가상현실 쇼룸이 속속 등장할 것이다. 유명 브랜드들이 이 쇼룸에 조인하기 위해 줄을 잇고 선 것만 봐도 알 수 있다. 현재 오드르는 브랜드 리스트가 눈덩이처럼 불어나면서 전 세계 바이어들의 리스트도 덩달아 길어지고 있다. 가상현실 쇼룸은 비아시아계 바이어들이 찾아가기 힘든 중국, 혹은 호주와 덴마크 같은 지리적 제약이 없다. 뿐만 아니라 실제 쇼룸을 운영할 때 생기는 공간적 제약도 전혀 없기에 상업성이 적은 브랜드도 리스트에 이름을 올릴 수 있다. 시공의 초월, 컬렉션 테마의 초월 등이 가능한 쇼룸 형태다. 쇼룸계의 새로운 장이 열린 셈이다. 앞으로 우후죽순처럼 생겨날 가상현실 쇼룸들이 눈에 환히 보인다. 몇 년 후에는 가상현실 쇼룸들만 정리해서 책을 내야 할지도 모르겠다.

Invitation only 초청받은 자만 가능라고 써 있지만, 오드르 홈페이지 ordre.com에 들어가 요청을 하면 된다. 거의 누구에게나 열려 있는 쇼룸이다. 국내에 독점 파트너가 있다면 오더를 넣을 수가 없겠지만, 그렇지 않은 브랜드는 모든 바이어에게 열려 있다. 이제 사무실에 가만히 앉아 호주 브랜드에 오더를 넣을 수 있는 세상이 온 것이다.

Ordre 오드르

Paper Mache Tiger

페이퍼마셰타이거

since 2008

런던과 뉴욕 두 곳에 상설 쇼룸을 운영하고, 파리 패션 위크 기간에는 늘 같은 곳에서 템포러리 쇼룸을 운영한다.

address

London
26 Cross St, London N1 2BG, UK
Tel. +44 (0) 20 7729 9620

Paris
4 Rue d'Uzès, 75002 Paris, France

New York
217 center street New York,
NY 10013, USA
Tel. +1 212 219 2643

6

🇬🇧 UK
🇫🇷 France
🇺🇸 USA

Story
설립 스토리

페이퍼마셰타이거 *Paper Mache Tiger*의 창립자 카일 로빈슨 *Kyle Robinson*은 패션을 좋아하고 노는 것을 좋아하며 사람 만나는 것을 좋아한다. 그는 전 세계 퀄리티 브랜드를 골라 바이어들이 한자리에서 볼 수 있게 하고, 디자이너가 컬렉션을 바이어에게 보여줄 수 있는 기회를 제공하며, 세일즈를 통해 패션 사업을 이루겠다는 윈윈윈 구상으로 런던에 쇼룸을 오픈했다. 풍부한 소셜 인적 네트워크로 2012년에는 뉴욕에도 파트너를 얻어 쇼룸을 오픈했다. 최근에는 고객의 목소리를 직접 듣고자 런던 쇼룸 가까이에 리테일스토어*Retail Store*, 소매점도 오픈했다.

▲
페이퍼마셰타이거
파리의 2층 쇼룸

▶
쇼룸 오너 카일이 론칭한
티셔츠 브랜드 에트르세실

Paper Mache Tiger

Paper Mache Tiger

하이컨템과 컨템 브랜드로 이루어진
페이퍼마셰타이거의 파리 지하 쇼룸

About Fashion

페이퍼마셰타이거의 패션 철학

쇼룸 오픈 초기부터 전 세계 브랜드를 대상으로 셀렉션을 진행하며 함께 커간다는 생각으로 브랜드를 선택해왔다. 신진 디자이너뿐 아니라 이미 공고하게 자리 잡은 국제적인 브랜드도 선택한다.

함께 일하는 대상을 브랜드, 디자이너라고 부르지 않고 파트너라고 부른다. 패션은 놀이의 장이고 사업의 장이며 세계를 하나로 연결시키는 관계의 장이라고 여긴다. 파트너 브랜드에게는 디자인, 소통, 전략 등에 대한 컨설팅도 아끼지 않는다. 무엇보다 좋은 사람들과 재미나게 일하는 것을 매우 중요하게 생각한다.

▶
한층 고급스러워진
페타 페트로프의 컬렉션

브랜드 큐레이팅 기준

가장 먼저 디자이너의 개성과 인성Personality을 본다. 디자이너의 야망Ambition과 성공에 대한 의지가 중요하다. 디자이너의 프로필Profile도 꼼꼼히 살핀다. 디자이너의 과거를 보면 미래의 잠재력Potential을 파악할 수 있는 까닭이다. 컬렉션을 볼 때에는 미학적인Aesthetic 관점에서 아름다움에 중점을 둔다. 브랜드의 일정 관리 능력 또한 관건이다. '주문 받은 양을 샘플과 같은 퀄리티로 제때에 납품할 수 있는가Production Capabilities, 생산 능력?'는 특히 예민한 문제다. 또한 기성 브랜드라면 그 역사를, 신생 브랜드의 경우 생명력Longevity과 지속 가능성을 본다.

마지막으로 카일은 디자이너가 어느 축구팀을 응원하는지 본다고 전했다. 오너의 유머 감각에서 쇼룸의 자유분방함이 느껴졌다. 멋진 오너의 멋진 쇼룸이다.

지극히 주관적이고
사심 가득한
운영자 최애 브랜드

페이퍼마셰타이거를 통해
소개되고 있는 브랜드

Brands

Allude	Être Cécile	Lee Mathews
Araks	Herculie	Petar Petrov
Area	Grey Ant	Piankov
Beaufille	Kalda	Solace London
Christopher Esber	Kimhekim	Sykes

Showroom Guests

Macgraw | Poustovit | Taller marmo | Tome | Veda | Venessa arizaga | Zanzan Zayan the Label

매 시즌 고정 파트너뿐 아니라 다른 인디펜던트Independent 디자이너들도 함께 초대한다. 이렇게 한 쇼룸 공간을 둘로 나누어 운영하며 두 배의 집객 효과를 노린다.

Beaufille
since 2013

| Contemporary-High Contemporary | 🇨🇦 Canada | Parris & Chloe Gordon sisters |

2015년 뉴욕 패션 위크에 참가한 이래 패션 위크 기간 동안 가장 많이 회자된 브랜드 중 하나다. 브랜드 이름인 Beaufille, [bo-fee]는 Handsome girl, 즉 잘생기고 멋진 소녀라는 뜻이다. 남성과 여성의 조화, 딱딱함과 부드러움의 대조에 영감을 받아 탄생한 이들의 컬렉션은 모던하고 우아한 비율과 컷을 자랑한다. RTW뿐 아니라 주얼리, 액세서리 라인도 매우 강하다.

내게 이들의 컬렉션을 정의 내리라고 한다면 '미니멀한 컷, 가벼운 아방가르드, 미래주의적인 디자인'이라 하겠다. 이들의 액세서리 라인은 과하지 않으면서 시크하고 예쁘다. 보는 순간 2015 스와로브스키 어워드 수상 이력을 바로 수긍하게 될 정도다.

레이디 가가, 셀레나 고메즈 Selena Gomez 등 셀렙 팬을 거느리고 있는 퍼텐셜 큰 브랜드다.

시그너처 아이템으로는 잘라 만든 장식 Cut outs, 오프 숄더 장식 Off-the-shoulder details, 통이 넓고 아랫부분이 퍼지는 플레어 Wide legs & flares, 종 모양 슬리브 Bell sleeves, 과장된 귀걸이 Statement earrings가 있다.

Etre Cecile
since 2012

| Contemporary | 🇬🇧 UK | Kyle Robinson & Yasmin Sewell |

카일 로빈슨? 디자이너 이름이 낯설지 않다. 그렇다. 바로 쇼룸 오너 카일 로빈슨과 유명 온라인 쇼핑몰 파페치Farfetch의 부사장 야스민 시웰Yasmin Sewell이 론칭한 깔끔하고 귀여운 티셔츠 라인이다. 퀄리티 높은 티셔츠와 스웨트셔츠는 귀엽고 포인트가 있다. 작은 캡슐 컬렉션 작은 규모로 자주 발표하는 컬렉션에 가까운 브랜드다. 마치 이탈리아 브랜드 지미루스Jimi Roos의 영국 버전을 보는 듯하다.

디자이너는 편안하고 쉽게 입을 수 있는 캐주얼웨어의 장점과, 디자이너 라벨 사이에 있어도 뒤지지 않을 만큼 아름다운 컨템 브랜드 스타일을 더해 에트르세실Etre Cecile을 완성했다. 에트르세실은 약간의 유머와 경쾌함이 가미된 럭셔리 티셔츠 브랜드로 정의할 수 있다. 최근에는 가벼운 아우터와 데님 바지도 선보이고 있다.

시그너처 아이템으로는 복고풍 트레이닝복Retro Trackie, 브르타뉴풍의 줄무늬 배지 탑Breton Striped Badge Top, 자수 데님 재킷Embroidered Denim Jacket, 프렌치 불도그 티셔츠French Bull Dog Tshirt, 줄무늬 니트Striped Knit가 있다.

Herculie

since 2015

| Contemporary | 🇬🇧 UK | Kyle Robinson & Yasmin Sewell |

쇼룸 오너 카일 로빈슨과 파페치의 부사장 야스민 시웰이 론칭한 또 하나의 브랜드다. 오늘날 유니폼에서 영감을 얻어 탄생한 유니섹스 시즌리스 브랜드다. 신선하고 깔끔하고 고전적이고 편안하고 자신감 있는 컬렉션을 선보이고자 한다. 이 브랜드는 데님, 셔츠, 저지Jersey 티셔츠 등이 주를 이룬다. 에트르세실 역시 티셔츠와 셔츠 등이 주를 이루지만 여성스럽고 귀여운 반면, 에르큐리에Herculie는 깔끔한 스트리트웨어를 연상시키며 중성적이고 미니멀하다.

모든 데님은 이탈리아에서 만들며 저지는 인도, 셔츠 류는 포르투갈에서 만든다. 카일의 글로벌한 행보를 보여주는 듯한 브랜드다.

시그너처 아이템은 기본 블루/얇은 세로 줄무늬 셔츠Grandpa Shirt-Blue/Pinstripe, 클래식 유니섹스-블루 데님Classic Unisex Denim-Blue Jean, 면 티셔츠Cotton Tshirt다.

Petar Petrov

since 2009

| High Contemporary-Luxury | 🟥 Austria | Petar Petrov |

페타 페트로프 Petar Petrov는 우크라이나에서 태어나 불가리아에서 자랐고 비엔나에서 응용예술을 공부했다. 디자이너 빅터 앤 롤프 Victor & Rolf와 라프 시몬스 Raf Simons 밑에서 일했다. 깨끗한 형태, 고급스러운 소재 등 비엔나 모더니즘의 원칙이 그의 디자인에 많은 영향을 끼쳤다.

페타는 "만약 제품과 그것에 담긴 생각이 퀄리티 있다면 그것들은 결코 가치를 잃지 않는다는 것이 내가 오늘날까지도 소중히 여기는 비엔나 모더니즘의 철학입니다"라고 말한다. 여성의 부드러움과 깨끗한 테일러링을 융화시켜 역동적이면서도 우아한 미를 만들고자 하는 것이 그의 철학이다. 독립심 있고 개성이 강하며 독특한 취향을 가진 모던 우먼을 위한 옷을 만들고자 한다.

페타 페트로프와 나는 긴 인연을 공유한다. 2009년 처음 본 페타는 자신의 컬렉션을 파리에 있는 작은 쇼룸 로메오에서 선보이고 있었다. 쇼룸 오너인 로메오는 한국인이었는데 전 시즌에 한국에 들렀던 그가 자신의 쇼룸에 방문해달라고 청했기에 나는 흔쾌히 들른 참이었다. 그때 깨끗한 테일러링과 고급스러운 소재, 그리고 약간의 트위스트가 있는 페타의 옷들이 좋아 바잉했다. 그 후 페타는 쇼룸 로메오에서 자취를 감췄다. 나는 4-5년 전쯤, 파리의 가장 큰 트레이드 쇼인 트라노이에서 다시 그와 마주쳤다. 그의 컬렉션은 쇼룸 로메오 시절보다 훨씬 고급스러웠고 규모도 컸다. 그는 2-3년 전부터 페이퍼마셰타이거 쇼룸과 일하고 있으며 지금은 네타포르테 Net-A-Porter, 리버티 Liberty, 루이자비아로마 Luisa Via Roma 같은 전 세계의 유명 멀티숍에 입점했다. 페타의 디자인은 전보다 과감해졌고 가격도 훨씬 비싸졌다. 꾸뛰르 Couture를 향해 가고 있는 게 아닌가 싶다.

시그너처 아이템은 루즈 피팅-맥시 시어 레이어드 드레스 Loose Fitting-Maxi Sheer Layered Dress, 옆줄과 대비를 이루는 하이웨이스트 테일러드 바지 High Waisted Tailored Trousers w/ Contrast Stripe Side Bar, 더블브레스트 테일러드 재킷 Double Breasted Tailored Jacket, 블록 힐 앵클부츠 Block Heeled Ankle Boot, 벨트 착장 오버사이즈 테일러드 울 코트 Oversized Tailored Wool Coat w/ Belt Closure다.

Solace London

since 2013

| High Contemporary | 🇬🇧 UK | Laura Taylor & Ryan Holliday-stevens |

죽마고우인 로라 타일러Laura Taylor와 리안 할러데이-스티븐스Ryan Holliday-stevens는 완벽한 사업 파트너다. 디자인, 프로덕션, 리테일, 마케팅, 크리에이티브 디렉션 등 패션 전반에 관련된 일을 함께 해왔다.

두 디자이너는 디자인 프로세스를 빠르게 하는 패브리케이션Fabrication, 구조과 테크닉을 중요하게 생각한다. 그들의 미학은 '대담하고 자신감 있으며 세련된' 현대적 미래주의가 시공을 초월한 미니멀리즘과 균형을 이룬 것이라고 정의할 수 있다. 그 결과 정확한 컷, 빼어난 크래프트맨십Craftmanship, 장인 정신, 세련됨의 정수라 할 수 있는 시그너처 룩이 탄생했다. 이 브랜드의 핵심은 모던함, 미니멀리즘, 미래주의다. 쇼룸 오너 카일은 이 모든 것이 매우 영국적 감성이라고 설명한다.

이 브랜드의 전 컬렉션은 최고의 소재를 사용하여 그들의 런던 스튜디오East London Studio에서 만들어진다. 18 SS 시즌 솔라스런던Solace London은 뉴욕 패션 위크에서 주얼리, 레더 액세서리를 제법 큰 라인으로 론칭했다. 미셸 파이퍼Michelle Marie Pfeiffer, 비욘세Beyonce, 케이트 허드슨Kate Hudson 같은 거물 셀렙Celeb을 팬으로 둔 브랜드다.

시그너처 아이템은 원 숄더 스트레치 니트 탑One Shouldered Stretch Knit Top, 플리츠 시폰 미디-민소매 혹은 맥시 드레스Pleated Chiffon Midi Dress-Sleeveless or Maxi, 물결 러플 디테일Waterfall Ruffle Details, 가오리 핏 바지Ray Trouser다.

Paper Mache Tiger

Solace London

MD Insight
엠디 인사이트

페이퍼마셰타이거는 다른 유명 쇼룸에 비해 역사가 짧고 오너도 매우 젊다. 키 크고 잘생긴 카일과 한 시간가량 인터뷰 형식의 대화를 나누었는데 매우 친화력이 뛰어난 사람이었다. 내가 한국인이라고 하자 그는 정재봉 전前한섬 사장이 남해에 오픈한 골프 리조트에 초대되어 한국을 찾았던 적이 있다고 말했다. 그는 한국과 한국 문화, 한국 음식을 좋아한다며 그때의 환상적인 경험에 대해 자랑스레 말했다. 다른 사람과 잘 어울리고 파티를 좋아하는 그의 밝은 성격은 사업의 성공에도 영향을 끼친 듯했다.

쇼룸에 점차 고급 고객이 확보되고 유명세를 얻으면 쇼룸이 직접 만들고 제작하는 브랜드도 생겨난다. 이러한 브랜드는 쇼룸의 캐쉬카우 역할을 한다. 오픈한 멀티숍이 5-6년 후 브랜드화 되었을 때, 자신의 숍 이름을 단 아이템을 생산하여 탄탄한 수익 구조를 쌓는 것과 일맥상통하다.

사업가 카일 역시 이런 기회를 놓치지 않았다. 에트르세실과 에르큐리에가 바로 그 좋은 예다. 이러다 '페이퍼마셰타이거 쇼룸의 반 이상을 자신이 만든 브랜드로 채우는 게 아닐까?' 하는 걱정 아닌 걱정도 해본다. 의기충천한 젊은 오너 카일의 젊은 쇼룸 페이퍼마셰타이거가 더욱 발전하기를 진심으로 바란다.

Paper Mache Tiger
페이퍼마셰타이거

Polly King & Co 폴리킹앤코

e-mail: appointments@pollykingandco.com

address

London
26–28 Ely Place Farringdon London
EC1N 6TD UK
Tel. +44 20 3747 9530

Paris
Galerie Joseph, 116 Rue de Turenne,
75003 Paris, France

Marseille
ShowrooMILK 10 Rue Breteuil, 13001
Marseille, France
Tel. +33 (0) 677 795 684

New York
37 E 18th St 5th floor, New York, NY
10003, USA
Tel. +1 212 470 7992

Düsseldorf
Lützowstraße 1 40476 Düsseldorf,
Germany
Tel. +49 211 7327 9840

7

- UK
- France
- USA
- Germany

Story
설립 스토리

쇼룸 오너이자 매니징 디렉터인 폴리 킹Polly King은 깔끔하게 포니테일 스타일로 묶은 머리 스타일이 인상적이다. 예쁘고 지적인 얼굴로 보아 천생 모범생처럼 보이는 사람이다. 그런데 실제로는 자기만의 주장과 의견이 너무 강해 학업에 부적합하다는 이유로 15세에 학교에서 쫓겨났다고 한다. 이후 패션계에 쭉 몸담고 있는 그녀는 슈퍼파인Superfine 데님을 비롯해 여러 브랜드에서 10여 년 이상 일해왔다. 한 인터뷰에서 폴리 킹은 다음과 같이 말했다.

"세일즈뿐 아니라 프레스 전략과 계획을 세우며 디자이너들과 가깝게 일하다 보니, 디자이너 스튜디오의 확장 개념으로 쇼룸이 생겨났습니다. 디자이너, 바이어들과 함께 정직하고 투명하게 일한 덕분에 좋은 쇼룸으로 자리 잡은 것이지요. 항상 짐 가방을 꾸리며 여행을 다녀야 하는 생활이 좀 힘들기는 하지만 멋진 상품, 최신 상품을 제일선에서 접하며 산다는 것은 떨칠 수 없는 매력입니다."

지속 가능한 브랜드 빌딩과 브랜드의 적절한 포지셔닝을

Polly King & Co

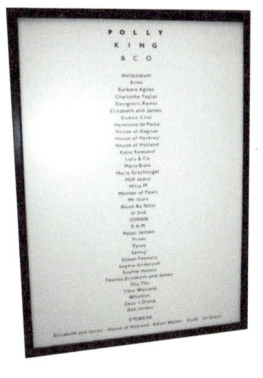

쇼룸 운영에서 가장 중요한 철학이자 핵심 가치로 여긴다. 디자이너나 쇼룸 스텝이 지닌 지식과 경험의 깊이를 공유하여 그 창조성의 출구를 마켓과 연결시키는 것이 목표다. 국제적인 바이어 컨택 포인트로 브랜드에 꼭 맞는 포지셔닝을 선택하고 각 브랜드를 위한 최적의 마켓을 개발하기 위해 폴리킹앤코를 설립했다.

About Fashion
폴리킹앤코의 패션 철학

패션은 문화권에 따라 다양한 니즈를 갖고 다양한 형태로 나타난다. 그래서 정보와 마켓 개발 등 모든 것을 보다 로컬라이즈Localize, 현지화할 필요가 있다. 이를 위해 폴리킹앤코는 파리, 뉴욕, 런던에 기반을 둔 메인 인터내셔널 쇼룸을 통해 글로벌 마켓을 만들어낸다. 또 뒤셀도르프, 밀라노, 마르세유에 있는 쇼룸을 통해 보다 로컬라이즈된 마켓까지도 공략 중이다. 뿐만 아니라 피렌체, 코펜하겐, 로스앤젤레스, 라스베이거스 등에서 열리는 트레이드 쇼에도 적극 참여한다. 발굴한 브랜드들을 세계 곳곳에 소개하고 지구촌 구석구석의 마켓까지 조사하여 얻은 정보를 협업하는 디자이너와 공유한다.

전문 바이어들의 이야기를 듣는 데서 그치지 않고 리테일 고객의 직접적인 목소리를 듣고자 폴리킹앤코 리테일 부티크도 운영한다. 리테일 부티크는 폴리 킹의 나라인 영국을 비롯하여 중요한 패션 마켓인 미국, 프랑스, 독일, 그리고 오스트리아와 스위스, 러시아에까지 진출했다.

패션에는 세계적인 트렌드가 존재하지만 마켓에 따라 소소하고 지엽적인 트렌드도 존재한다. 두 마리의 토끼를 다

잡아야 성공한다는 것이 폴리킹앤코 패션의 전략이자 철학이다.

브랜드 큐레이팅 기준

폴리킹앤코의 기반인 영국과 요즘 핫하게 떠오르는 북유럽 브랜드를 열심히 개발 중이다. 컨택해오는 디자이너와 브랜드에 대해 열심히 연구한다. 매달 여러 번씩 스텝들과 회의를 거쳐 브랜드가 지속 가능할지, 인터내셔널 마켓에 적합할지 등을 판단한 뒤 선택한다. 팀원 전체가 상품에 대해 엄청난 열정을 갖고 있으며, 모두가 폴리킹앤코에 어떤 브랜드가 어울릴지 쉼 없이 새로운 브랜드를 찾는다. 폴리킹앤코는 남녀 RTW뿐 아니라 라이프스타일 브랜드도 제안한다.

폴리킹앤코의 스텝은 전 세계를 돌며 새로운 브랜드를 발굴하기도 한다. 쇼룸 오너 폴리 킹은 여행을 즐기는데, 최근에는 레바논 베이루트에 오랜 기간 머물렀다. 또 그녀는 일본 도쿄를 좋아하는 여행지로 꼽기도 했다. 아시아 브랜드에 상당한 관심을 갖고 있다.

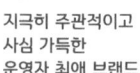

지극히 주관적이고
사심 가득한
운영자 최애 브랜드

**폴리킹앤코를 통해
소개되고 있는 브랜드**

Brands

19-69	Champion x Wood Wood	Heurueh
66°North	Chinti & Parker	House of Holland
Adam Selman x Le Specs	Clae	In.No
Ally Capellino	Cornelia	Irene
Amber Sakai	Daniel W. Fletcher	Jean Atelier
Ana Heart	Danse Lente	Karen Walker Eyewear
Asceno	Designers Remix	King & Tuckfield
Blouse	Folk	Kowtow
Casbia	Georgia Hardinge	Ksenia Schnaider
Cefinn	Good News	Le Specs
Champion Reverse	Griffin	Le Specs Luxe
Champion x Beams	Hanes x Karla	Les Basics

Lily and Lionel	Penelope Chilvers	Solid & Striped
Lndr	Peter & May	Soulland
Loeffler Randall	Post Details	Strangers
LYPH / Mallet	Primury	Studio Nicholson
Martin Asbjørn	Prism	Sunspel
M.i.h Jeans	Rains	The Upside
Morobé	Recto	Wax London
Nadya Shah	Rixo	Weave
Nanushka	Rone	Webb
Nicopanda	Sarah & Sebastian	Yuul Yie
Olivia von Halle	Self-portrait	Yuzefi
Paper London	Silou London	

오너 폴리 킹이 가장 좋아하는 아이템은 챔피온의 스웨트셔츠라고 한다. 그래서인지 그들의 브랜드 리스트를 보면 Champion x Beams 일본 대형 편집숍 체인-『패션 MD』 바잉 편 참조, Champion x Wood Wood 스웨덴 브랜드-『패션 MD』 브랜드 편 347쪽 참조 등 챔피온과 다른 브랜드가 컬래버레이션한 캡슐 컬렉션이 눈에 띈다. 오너의 색깔이 잘 드러나는 부분이라 하겠다. 폴리 킹은 모든 브랜드가 소중하고 중요하다며 마켓 반응과 개인적인 선호도를 기준으로 다섯 브랜드를 골랐다.

Chinti & Parker

since 2009

| Contemporary | 🇬🇧 UK | Anna Singh & Rachel Wood |

캐시미어도 귀여울 수 있다는 것을 보여주는 브랜드다. 캐시미어 애호가의 연령대를 확 낮추는 데 혁혁한 공을 세웠다. 캐시미어는 가격이 워낙 비싸기도 하고 연령대가 높은 사람들이 입는 고상한 옷이라는 편견에 패피들의 외면을 받아왔다. 캐시미어에 대한 이런 고정관념을 깨트린 브랜드가 바로 친티앤파커 Cinti & Parker다.

사촌 사이인 안나 싱 Anna Singh과 레이첼 우드 Rachel Wood는 혁신적인 니트 디자인에 대한 열정을 공유하며, 2009년 젊은 스타일에 가격대도 그리 높지 않은 캐시미어 전문 브랜드 친티앤파커를 론칭했다. 인타르시아 기법으로 별, 달, 딱정벌레 등의 오브제를 귀엽게 새겨 넣어 젊은 스타일을 만들어냈다. 퀄리티는 '어른들'의 캐시미어처럼 좋아서 민감성 피부도 입을 수 있다. 질 좋고 젊은 감각의 캐시미어를 찾는 편집숍 고객들에게 안성맞춤이다.

Desingers Remix
since 2002

| Contemporary | 🇩🇰 Denmark | Charlotte Eskildsen |

디자이너 샬롯 에스킬드슨Charlotte Eskildsen 은 자신의 디자인에 모더니즘, 기능주의, 진정한 덴마크를 담으려 노력한다. 그는 추상적인 미니멀리즘을 우아한 디자인으로 탄생시키는 능력이 탁월하다.

스칸디나비아 스타일 특유의 미니멀리즘과 디자이너 특유의 건축적이고 구조적인 특징이 합해져 '미래주의적 컬렉션'이라는 평을 받는다. 가격도 매우 합리적이고 컬렉션의 사이즈도 매우 커서 바이어들에게는 가성비 좋고 선택의 폭도 다양한 브랜드다.

코펜하겐의 대표 브랜드라 해도 될 정도로 코펜하겐 패션 거리 중심에 거대한 플래그십 스토어를 갖고 있다. 스토어도 컬렉션도 매우 시크하다.

House of Holland

since 2006

| Contemporary | 🇬🇧 UK | Henry Holland |

디자이너 헨리 홀랜드*Henry Holland*는 '자신감과 기지가 넘치고 현대적인 감각을 지닌 런던의 소녀'를 브랜드의 뮤즈로 상상하여 그 뮤즈가 입을 법한 옷을 디자인한다. 대담하지만 편하고 귀여우면서도 톡톡 튀는 디자인이 주를 이룬다.

최근 컬렉션은 스트리트웨어의 강세에 영향을 받아 재치 있는 슬로건과 강렬한 컬러 대조가 눈에 띈다. 스포츠웨어와 귀여운 데님 소재 원피스, 톱 등 재미있고 스타일리시한 아이템을 포함한다.

규모가 작은 컬렉션이지만 디자이너의 아이덴티티가 분명하므로 감초 같은 브랜드가 되기에 충분하다.

Poly King & Co

Self-portrait

since 2013

| Contemporary | 🇬🇧 UK | Han Chong |

말레이시아 출신 디자이너 한총Han Chong은 미술을 전공한 후 영국 센트럴세인트마틴을 졸업했다. 자신의 브랜드 셀프포트레잇을 론칭한 것은 불과 3-4년 전이지만, 다른 브랜드에서 거의 10여 년에 걸쳐 일하며 단단한 기본기를 다졌다.

디자이너 한총은 요즘 사회를 자신에 대한 셀카Selfies, 셀프카메라 시대, 개인적인 시대로 규정하여 브랜드 이름을 셀프포트레잇으로 정했다고 한다. 그가 생각하는 고객은 여성성을 바탕으로 다양한 시도를 두려워하지 않는 사람, 군중 속에 숨거나 묻히지 않고 군중을 배경으로 톡톡 튀기를 원하는 사람들이다. 이런 디자이너의 바람은 그의 컬렉션에 그대로 묻어난다.

셀프포트레잇은 멋 부리지 않은 듯 수더분하게 입을 수 있는 옷이 결코 아니다. 우리나라에서 셀프포트레잇을 소화할 수 있는 고객층을 가진 백화점은 갤러리아가 유일할 것이다. 스타일리시한 옷이 무엇인지 잘 알고, 그에 걸맞은 날씬한 몸을 가졌으며, 과감한 패션을 시도하는 고객층을 가진 갤러리아 백화점이야말로 셀프포트레잇에 딱 맞는 곳이다. 그래서일까? 2016년 여름, 2017년 여름에 이어 2018년 SS에도 갤러리아 백화점 에스컬레이터 앞은 셀프포트레잇의 팝업 매장이 자리를 잡았다.

Poly King & Co.

Studio Nicholson

since 2010

| High Contemporary | 🇬🇧 UK | Nick Wakerman |

디자이너 닉 웨이크먼Nick Wakerman은 일본 아방가르드계의 투톱인 요지야마모토Yohji Yamamoto와 꼼데가르송Comme Des Garcons의 열렬한 팬이다. 그래서인지 스튜디오니콜슨Studio Nicholson은 조형적인 감각과 더불어 일본 스타일의 아방함이 묻어난다. 요지야마모토와 꼼데가르송처럼 극으로 치닫는 아방가르드 스타일은 아니다. 세미 아방가르드 정신에 우아함을 더한 고급스러운 룩으로 유럽보다 일본, 중국 등 아시아에서 더 사랑받는 브랜드다.

남성복에서 출발한 브랜드여서 그런지 깨끗한 라인, 심플한 미학으로 정의되는 테일러링에 강하고 깔끔한 아방가르드룩을 선보인다. 검은색, 회색, 남색, 흰색 등 주로 톤 다운된 중성적인 색채를 쓴다.

개인적으로는 이 브랜드의 팬츠 라인을 매우 좋아한다. 허벅지 두껍고 엉덩이 큰 아시아인의 체형을 잘 커버해준다.

MD Insight
엠디 인사이트

최근 몇 년간 국제적인 경기 침체로 전 세계 바이어들이 뉴욕, 런던, 밀라노 패션 위크를 스킵하고 파리 패션 위크에만 참여하는 경우가 늘고 있다. 뉴욕, 런던, 밀라노의 많은 쇼룸들은 주요 브랜드를 싸 들고 패션 위크 기간 동안 파리를 찾는다. 파리 패션 위크는 더욱 커지고 점점 더 중요해지고 있다. 시간과 돈을 절약해야 하는 바이어라면 우리 모두가 그렇지! 다른 나라의 쇼룸들이 파리에 오는지, 온다면 주소가 어디인지 반드시 체크해야 한다. 대형 쇼룸 대부분은 파리에도 베이스를 두고 있으나, 시즌마다 장소가 바뀌는 경우가 왕왕 있기 때문이다. 몇 년째 같은 장소에 있던 쇼룸이 갑자기 새로운 곳으로 옮기는 경우도 있으니 반드시 주소를 거듭 체크하기 바란다.

폴리킹앤코의 파리 쇼룸은 2017년 말까지 다른 쇼룸들과 뚝 떨어져 후미지고 다소 무서운 곳에 있었다. 그래서 이곳은 날이 밝을 때 방문하도록 각별히 주의해서 스케줄을 짜야 했다. 창고처럼 커다란 쇼룸을 나서자마자 홈리스Homeless들이 줄줄이 누워 있는 모습을 보며 오싹해하고는 했다. 바이어들의 불편을 알아챘는지 2018년부터는 파리 쇼룸을 다시 마레 지구인 3지구 우편번호 75003로 옮겨왔다. 이젠 폴리킹앤코를 방문하며 날이 어두워질까 두려워하지 않아도 된다. 이 재미난 쇼룸이 마레 지구에 오랫동안 머물러주면 좋겠다.

쇼룸 오너 폴리 킹의 생을 들여다보며 인생은 정말 예측이 불가능하다는 생각이 들었다. 15세에 학교에서 쫓겨난 학업 부적응자가 꿈을 좇아 하루하루 열심히 산 덕분에 지금은 세계에서 가장 핫한 쇼룸의 오너이자 매니징 디렉터가 되었으니 말이다. 사회의 보편적인 기준을 따르지 않고 자신만의 꿈을 좇은 그녀의 용기와 끈기, 그리고 삶과 일에 대한 열정이 눈부시다.

Polly King & Co 폴리킹앤코

Spazio 38

스파지오38

since 2005

address

Milano
Alzaia Naviglio Grande, 38,
20144 Milano MI, Italy
Tel. +39 02 8941 0030

Paris
16 Rue des Minimes, 75003
Paris, France
Tel. +39 335 1218859

e-mail: showroom@spazio38.com

8 /

🇮🇹 Italy
🇫🇷 France

▲
스파지오38의 밀라노 쇼룸
윈도 디스플레이

Story
설립 스토리

캐맥Camac 은 유통이 필요한 브랜드를 위해 2005년 쇼룸 스파지오38을 오픈한다. 새롭게 떠오르는 신진 디자이너들을 발굴하고 지원하기 위해 오픈 당시에도 이미 프로덕션까지 담당하고 있었다. 디자이너의 재능을 다방면으로 파악해 지원하고 가르쳐나가는 것은 쇼룸 오너이자 CEO인 캐맥과 스파지오38에게 매우 중요한 활동이다.

이후에 소개할 투모로우쇼룸Tomorrow Showroom처럼 세일즈, 유통, 인보이싱, 커뮤니케이션, 프레스에 관련된 모든 작업에 대한 통합 서비스를 제공한다. 이렇게 탄생한 쇼룸 스파지오38은 유럽 마켓을 넘어 국제 마켓에서도 해를 거듭하며 성장하고 있다.

2층에서 바라본 스파지오38의 밀라노 메인 쇼룸

Spazio 38

| About Fashion |
스파지오38의 패션 철학

쇼룸은 창조적인 프로젝트와 디자이너를 발굴하고 디자이너가 새로운 사업 모델을 개발하도록 후원자가 되어야 한다. 제품 생산, 패션 관련 모든 프로세스를 철저히 연구하여 재능 있는 디자이너를 도와야 한다. 디자이너의 창조성과 경영의 공존, 이것이 쇼룸 스파지오38의 성공 비결이다.

쇼룸은 디자이너들의 파트너가 되어야 하고, 그들에게 최고의 분석 결과와 정보를 제공하기 위해 최선을 다해야 한다. 이 정보를 이용하여 다음 시즌 그들의 컬렉션이 바이어의 주목을 많이 끌도록 돕는다. 브랜드가 자신의 아이덴티티를 잘 지키면서도 마켓의 요구에 맞추어갈 수 있도록 최선을 다해 보좌한다. 창조성과 경영의 만남, 그것이 바로 패션이다.

브랜드 큐레이팅 기준

브랜드를 결정하는 기준은 때로 매우 감성적이라 말로 설명하기가 어렵다. 그냥 직감 같은 것이 작용할 때도 있기 때문이다. 대부분의 경우는 브랜드의 성장 가능성과 지속성에 대해 스텝들이 모두 모여 평가하고 결정을 내린다.

브랜드 아이덴티티 개발, 라이센싱 딜, 협업 등에 언제나 적극적으로 협조할 디자이너를 환영한다. 또한 디자이너의 올바른 인성, 열정 등도 매우 중요한 자질로 본다.

지극히 주관적이고
사심 가득한
운영자 최애 브랜드

스파지오38을 통해
소개되고 있는 브랜드

Brands

Act n°1	Lake Studio	Roseanna
Coliac	Miahatami	Vivetta
Greta Boldini	Mimi à la Mer	
Hibourama	Parden's	

Act n°1

since 2016

| High Contemporary | 🇮🇹 Italy | Luca Lin & Galib Gassanoff |

중국인 루카 린*Luca Lin*과 조지아 출신 디자이너 갈리프 가사노프*Galib Gassanoff*가 2016년 이탈리아에서 론칭한 하드코어 럭셔리 여성 스트리트웨어 브랜드다.

브랜드명 액트넘버원*Act n°1*은 삶의 첫 번째 행동을 상징하며, 두 디자이너의 어린아이 같은 시각을 의미한다. 2년밖에 안 된 어린 브랜드지만 매 컬렉션마다 강력한 메시지를 전하고 있다. 특히 2017 SS 컬렉션은 보그 이탈리아의 Who's on Next 대상을 수상했다.

브랜드가 보여주는 이미지는 두 디자이너의 성장 배경과 다문화성을 반영한다. 디자이너들의 어린 시절, 생활 방식, 고향, 중국 고미술과 아제르바이잔 장인 정신 등을 잘 보여준다. 스트리트웨어 감성이 충만하고 매우 아방가르드하며 상식을 뛰어넘는 디자인이 많다.

엄청난 메탈 귀걸이와 코걸이 등을 선보이는 컬렉션이 몹시 파격적이지만 웨어러블한 옷도 많아 흥미롭다.

Coliac
since 2009

| Luxury | 🇮🇹 Italy | Martina Grasselli |

진주 코뚜레가 끼워져 있는 럭셔리 신발을 본 적이 있는가? 그 브랜드가 바로 콜리악Coliac이다. 콜리악은 미니멀리즘에 락 앤 펑크를 접목한 럭셔리 브랜드다. 2009년 커스텀 주얼리 브랜드로 론칭했다. 그래서인지 신발에 장식된 금속 액세서리가 신발을 꾸며주는 부차적인 것이라기보다는 브랜드의 아이덴티티를 정의하는 본질적인 존재로 느껴진다.

디자이너 마르티나 그라셀리Martina Grasselli는 스텔라매카트니Stella McCartney, 장폴고티에Jean Paul Gaultier, 크리스찬루부탱Christian Louboutin 등에서 경험을 쌓으며 럭셔리 주얼리와 가죽 액세서리에 대한 실력을 다졌다.

마르티나가 론칭한 슈즈 라인은 포멀한 가죽 구두에 초현실적인 느낌을 주는 피어싱, 진주, 크리스털 장식을 더해 고급스럽고 펑키하다.

2017 FW에는 슈즈에 사용한 피어싱, 진주, 크리스털 모티브를 이용하여 작지만 고급스러운 RTW 라인도 론칭했다. 워낙 탄탄한 기본기의 소유자이다 보니, 그의 두 번째 RTW 컬렉션인 2018 SS 컬렉션은 그 크기가 첫 컬렉션의 3-4배가량이나 되었다. RTW 전체가 매우 고급스럽고 독특하며 이미 유명세의 정점에 있는 그의 신발과도 매우 잘 어울린다. 무척 빠른 속도로 성장하리라 예상되는 브랜드다.

Greta Boldini

since 2011

| High Contemporary | 🇮🇹 Italy | Alexander Flagella |

그레타볼디니Greta Boldini는 스웨덴 출신 미국 여배우 그레타 가르보Greta Garbo와 프랑스 벨 에포크Belle Époque, Beautiful Era 시대의 유명 화가 지오바니 볼디니Giovanni Boldini의 이름을 합쳐 만든 브랜드다. 글래머러스하고 이지적이며 우아한 그레타 가르보와, 인물화 및 아름다운 색채로 유명했던 세기의 화가를 더하면 컬렉션의 컬러가 머릿속에 그려질 것이다. 노란색, 하늘색, 그리고 들꽃이 흐드러진 19세기 프로방스 들판을 연상시키는 프린트들이 하늘하늘한 실크 위를 수놓는다.

그레타볼디니 컬렉션의 새로운 콘셉트는 '매우 섬세하고 매혹적인 디테일을 가진 깨끗하고 깔끔한 일상복'이라고 정의할 수 있다. 전 제품을 최고급 이탈리아 패브릭으로 이탈리아 장인들이 만드는데, 가격은 높은 퀄리티에 비하면 그리 비싼 편이 아니다. 패브릭과 디자인, 컬러 팔레트, 핏까지 모두 여성스럽고 시적이며 로맨틱하다.

2013년 보그 이탈리아와 알타로마Altaroma가 개최하는 Who's on Next 대상을 수상했다.

Miahatami
since 2015

| Contemporary | 🇮🇹 Italy | Narguess Hatami |

미아하타미Miahatami에서 미아Mia는 이탈리아어로 '나의'라는 뜻이다. 그 뒤에 디자이너의 성인 하타미Hatami를 붙여 '나의 하타미'라는 의미의 브랜드명이 만들어졌다. 디자이너 나구에스 하타미Naguesse Hatami의 세계관과 미학을 제대로 보여주는 브랜드임을 강조하기 위한 이름이라고 한다.

디자이너 나구에스 하타미는 핫한 컨템 브랜드인 MSGM에서 일하며 이탈리아 패션 세계에 대해 배웠다. 또한 현재 쇼룸 리카르도그라시가 캐리하는 니트 브랜드 아비우AVIU가 2009년 론칭할 당시에 책임자였다. MSGM처럼 힙한 감성, 퀄리티 좋은 니트 디자인이 기대되는 이유다.

나구에스 하타미는 1981년 테헤란에서 태어났다. 건축기사인 아버지와 패션 디자이너인 어머니 사이에서 태어난 그녀는 이후 이탈리아로 건너간다. 그곳의 건축과 고대 문화 유적에 깊은 감명을 받은 나구에스는 이탈리아에서 그림과 회화를 공부하게 된다. 그래서 그녀의 컬렉션은 '동서양의 조화, 중동과 유럽 디자인의 만남'이라고 일컬어진다. 그녀의 컬렉션에서는 중동 특유의 만화경 같은 패턴과 강렬하고 모던한 색채의 이탈리아 테일러링을 모두 만날 수 있다.

미아하타미는 어딘지 모르게 MSGM과 N°21을 닮은, 소녀 감성의 브랜드다. 디자이너의 성장 배경과 경력을 보면 누구라도 매우 큰 퍼텐셜을 느낄 수 있다. 2017년 컬렉션부터 스파지오38의 지주회사인 캐맥인더스트리아모다 Camac Industria Moda가 미아하타미 컬렉션의 생산까지 도맡고 있다. 힘센 쇼룸이 적극적으로 돕고 있으니 핫한 브랜드로 성장하는 것은 시간문제다.

Vivetta

since 2009

| High Contemporary | 🇮🇹 Italy | Vivetta Ponti |

빨간 매니큐어를 바른 손톱과 하얀 손으로 감싼 네크라인, 옆얼굴의 실루엣, 살짝 벌린 붉은 입술을 수놓은 포플린 셔츠나 원피스를 본 적 있을 것이다. 신체 이미지를 해체한 후 재해석한 피카소의 큐비즘적 작품 일부를 보는 듯하다. 그래서 디자이너 비베타 폰티*Vivetta Ponti*는 패션계의 피카소라 불리기도 한다.

그녀의 컬렉션을 세 단어로 표현하라면 펀*Fun*, 펑키*Funky*, 페미니니티*Femininity*라고 말하겠다. 풀어 말하면 '아이러니와 초현실주의, 낭만주의'가 녹아 있는 브랜드다.

어떻게 보면 조금 섬뜩한 느낌이 들기도 하지만 맥시멀리즘한 스트리트웨어가 몇 년째 강세인 요즘 이 정도 디테일은 귀엽게 받아들일 수 있다. 2018 SS에 새롭게 론칭한 신발 라인 역시 시그너처 입술과 손이 자수로 수놓아져 RTW 라인과 함께 입으면 매우 귀엽게 어우러질 듯싶다.

MD Insight
엠디 인사이트

디자이너에게 통합 서비스를 제공한다는 점이 투모로우쇼룸과 비슷하지만, 그보다는 기업화 되지 않았기에 보다 인간적인 쇼룸이다. 브랜드 비베타와 쇼룸 오너 캐맥의 일화가 쇼룸의 성격을 잘 보여준다.

스파지오38은 비베타에게 있어 부모 같은 존재다. 10년 전, 캐맥은 아직 걸음마 단계라 기껏해야 두 랙 정도의 컬렉션 크기를 가진 비베타의 퍼텐셜을 알아챘다. 캐맥은 비베타를 위해 제조와 마케팅, 인보이싱, 쉽핑 등 일체의 업무를 전담해주었다. 디자이너는 디자인에만 집중하도록 해준 것이다. 그 결과 무명 디자이너였던 비베타는 자신의 꿈을 국제적인 무대에서 펼치게 되었고, 스파지오38은 세계적으로 유명한 브랜드를 가진 쇼룸이 되었다. 경제적으로 큰 이득을 보고 있을 뿐 아니라 쇼룸의 품격도 그만큼 올라갔다. 이제 스파지오38은 자신들이 보유한 다른 브랜드까지 전 세계의 내로라하는 바이어들에게 소개할 기회를 얻었다. 매우 훌륭한 윈윈 전략 사례다.

이제 브랜드 미아하타미가 제2의 비베타로 도약하기 위한 행보에 나섰다. 이런 쇼룸과 자본가들이 있는 이탈리아 패션계가 부러울 따름이다. 우리나라 기업이나 자본가들도 근시안적인 이윤보다 더욱 큰 그림을 보아야 한다. 그를 통해 퍼텐셜 큰 한국 디자이너를 발굴하고 지원하여 세계적으로 키워나가기를 기대해본다.

Spazio 38 스파지오38

Studio Zeta 스튜디오제타

since 1980

밀라노와 파리에서 쇼룸을 운영한다. 파리 쇼룸은 Avenue Montaigne이란 하이패션 지역에 있으며 17세기에 지어진 럭셔리한 건물이다. CEO이자 오너인 마우로는 아름답고 현대적인 RTW와 액세서리 컬렉션을 디스플레이하려면 완벽하고 우아하며 매력적인 공간이 필수라고 강조했다.

e-mail:
Show Room Manager, Gas Isaj: gasisaj@studiozeta.org
Sales Contact: info@studiozeta.org

address

Milano
Via Friuli, 26, 20135 Milano
MI, Italy
Tel. +39 02 5519 0119

Paris
7 Rond-Point des Champs-Élysées Marcel-Dassault,
75008 Paris, France
Tel. +33 6 80249269

9

- Italy
- France

> Story
>
> **설립 스토리**

80년대 초, 현재 쇼룸 스튜디오제타 Studio Zeta의 오너인 마우로 갈리가리와 리카르도그라시의 오너인 리카르도 그라시는 패션과 예술에 대한 열정을 공유하는 파트너였다. 이 둘은 당대 예술과 패션의 도시였던 피렌체의 전위적이고 혁신적인 패션 경향을 보다 널리 알리고 싶었다. 이에 이탈리아뿐 아니라 세계적으로 유명한 부티크의 문을 두드릴 포부로 작은 쇼룸 당시에는 연구소, 공방이라 부르던을 오픈했다. 1988년, 이제 패션의 중심지는 밀라노가 되었다. 이들 역시 밀라노로 쇼룸을 옮기고 그 이름을 스튜디오제타 밀라노라고 지었다. 이후 스튜디오제타는 발전과 성장을 거듭하며 새로운 트레이드 쇼를 보여주고자 노력해왔다. 현재 전 세계 유명 백화점과 편집숍을 포함하여 2,000여 개 이상의 어카운트를 갖고 있다.

피렌체에서 태어난 작은 쇼룸은 브랜드를 보는 안목, 적극적인 스카우트 덕분에 25년간 마틴마르지엘라, 안토니오마라스, 알비노 등 쟁쟁한 브랜드들을 전 세계에 소개해왔다. 점차 스튜디오제타는 패션계에서 막강한 파워를 지니게 되었다. 그럼에도 새로운 스타일과 디자이너를 찾고자 계속 노력했고, 트렌디하고 혁신적인 취향으로 세계에서 가장 핫한 쇼룸으로 자리매김했다.

그런데 5-6년 전, 마우로 갈리가리와 리카르도 그라시가 결별하면서 스튜디오제타는 많은 디자이너를 잃었다. 이후 몇 년간 고전하다가 최근 들어 존리치몬드John Richmond, 메릴링Maryling, 오주르르주르Au Jour Le Jour 등 핫한 브랜드를 영입하며 입지를 새로이 다져가고 있다.

멋쟁이 쇼룸 오너 마우로는 "새로운 디자이너와 브랜드를 발굴해서 전 세계에 소개하고 그들이 커나가는 것을 보는 것이 쇼룸의 궁극적 목적이겠지요"라고 웃으며 말했다.

Studio Zeta

| About Fashion |
스튜디오제타의 패션 철학

패션 철학이 무엇인지 묻자 마우로는 쇼룸의 하얀 벽에 검은색으로 쓰인 경구를 가리켰다. 그는 은빛 머리를 뒤로 쓸어 넘기며 "저것이 내 패션 철학을 말해준다"고 씩 웃으며 말했다.

Fashion is knowing who you are, what you want to say, without having to speak!
패션이란 자기 자신을 아는 것이고, 아무 말을 하지 않아도 자신이 하고픈 말이 무엇인지 아는 것이다!

Fashion has to reflect who you are, what you feel at the moment and where you're going!
패션은 우리가 누구인지, 우리가 지금 무엇을 느끼고 있는지, 또 우리가 어떤 미래를 향해 가는지를 반영해야 한다!

What's becoming abvious to us is that fashion is art!
점점 더 분명해지는 것은 패션이 예술이라는 사실이다!

▲
쇼룸 곳곳에 씌여 있는
스튜디오제타의 패션 철학

◀
스튜디오제타의 오너
마우로 갈리가리

Fashion is nothing, but it's a beautiful nothing.
패션은 '아무것'도 아니다. 하지만 몹시 '아름다운' 아무것도 아니다.

God save fashion. We do our best!
신이 패션을 구원했다. 우리는 그저 최선을 다한다!

Difference between style and fashion is quality.
스타일과 패션의 차이는 퀄리티다.

그가 말하는 패션은 자아와 개성을 표현하는 방식이다. 패션은 먹고살기 위해 필요한 의식주가 아니라, 그보다 위에 존재하는 신성한 힘에 의해 구원받은 예술이다. 그러니 그 신성함을 아름답고 스타일리시하게 만들어가도록 최선을 다하는 것이 스튜디오제타의 목표다.

스튜디오제타의 밀라노 쇼룸 전경

지극히 주관적이고
사심 가득한
운영자 최애 브랜드

스튜디오제타를 통해 소개되고 있는 브랜드

Brands

20.52	Furs66	Nadya Dzyak
Add	Gaagii	NCMA by Newams
AJLJ for Colmar	Hamel	Newams
Alexandr Rogov	Jan Dillon	Nil&Mon
Amuck	John Richmond	Paoli
Araal Kent	Kris Major	Peter Taylor
At	L'edition	Redrosid
Au Jour Le Jour	Le Tonerre	Revenant
Blanchett Dame	Lin Art Project	Richard Bruce
Blanchett Goose	Lodhe	Rory Longdon
BONJOUR Paulette	Marco Bologna	Savas
Christian Pellizzari	Maryling	Si-jay
Constance C.	Milla Milla	Simon Scott
Fabrizio Del Carlo	Mille900quindici	Wolf Totem

Add

since 1999

| Contemporary | 🇮🇹 Italy | Jan & Carlos |

1999년에 론칭한 에이디디Add는 론칭 당시 아우터 마켓에서 가히 혁명적인 브랜드였다. 당시만 해도 다운재킷은 패션의 일부가 아니라 그저 추운 날씨에 보온을 위해 입는 옷, 그래서 아름다움이나 스타일 등은 포기해야 하는 일명 '무 자루' 같은 옷이었기 때문이다. 하지만 에이디디는 다운재킷도 날씬해 보이고 패셔너블할 수 있다는 사실을 알게 해주었다. 회사에 출근할 때나 중요한 미팅 자리에 다운재킷을 코트처럼 입고 갈 수 있게 되다니 놀라울 따름이었다. 30년간 패딩 전문 브랜드로 익힌 퀼팅 노하우패딩 코트의 퀼팅은 불량이 많이 나오는 까다로운 작업이다. 특히 경량 패딩의 경우 박음선을 따라 거위나 오리의 솜털이 삐져나오지 않게 바느질하기 위해 특별한 미싱이 있어야

Studio Zeta

한다와 다운이 납작하게 가라앉지 않게 하는 기술로 유명하다.

에이디디는 절대적인 가치를 중요시한다. 절대적인 가치란 높은 퀄리티, 소재에 대한 지속적인 연구, 주의 깊은 선택이 특별하고 글래머러스한 동시에 대중적이고 혁신적인 디자인과 만날 때 발생한다. 현재 에이디디는 세계적인 구스다운 브랜드 중 하나로 인정받고 있다.

여기까지가 에이디디에 대한 오너의 견해다. 나의 개인적 경험은 조금 다르다. 6-7년 전까지만 해도 에이디디는 그저 가격 좋고 이미지 나쁘지 않은 평범한 패딩 브랜드였다. 특별한 디자인은 아니지만, 겨울이면 어김없이 패딩을 찾는 우리나라 고객의 특성에는 그럭저럭 맞는 패딩 브랜드 중 하나였다. 코오롱의 남성 편집숍에서도 한 번 바잉한 적 있었다. 그런데 시즌 내내 정말 한 장도 못 팔았다고 전해 들었다. 그만큼 핏도 퀄리티도 평범하기 짝이 없었던 것이다. 사실 이 브랜드가 스튜디오제타에 있는 게 이상하다고 생각되기도 했다. 가격 또한 너무 저렴했는데 알고 보니 전부 Made in China였다.

그런데 몇 년 전, 파리 최대의 트레이드 쇼 트라노이에 등장한 에이디디를 보고 나는 깜짝 놀랐다. 럭셔리 다운 패딩 브랜드 에르노Herno와 닮아도 너무 닮아 있었다. 나는 10년 전 에르노 여성 라인을 우리나라에 처음 소개하고 여러 해 꾸준히 바잉해온 터라 에르노에 대해서는 속속들이 알고 있다. 그래서 세일즈 스텝에게 물어보니 에르노에서 디자이너를 영입해왔다고 대답하는 게 아닌가. 그 후로 에이디디는 꾸준히 발전했다. 이제는 택Tag을 보지 않으면 에르노인지 에이디디인지 알 수 없을 만큼 핏, 디자인, 퀄리티가 향상되었다. 이탈리안을 유럽의 중국인이라 부르는 이유를 알게해준 브랜드다.

Au Jour Le Jour

since 2010

| Contemporary | 🇮🇹 Italy | Mirko Fontana & Diego Maquez |

디자이너 미르코 폰타나Mirko Fontana와 디에고 마르케즈Diego Maquez는 원래 패션 홍보와 판매 관리를 했었다. 유별난 재치를 지녔던 두 사람의 만남은 그 열정이 몇 배로 커지는 결과를 낳았다. 그들의 톡톡 튀는 감성과 직관은 디자인과 사업 매니지먼트의 철학이 되었다. 컨템포러리 룩에 대한 디자이너들의 새로운 해석이 2010년 오주르르주르Au Jour le Jour 론칭으로 이어졌다.

두 디자이너는 공통점이 많은 동시에 서로의 부족한 부분을 보완해주는 환상의 콤비다. 서로 다른 배경과 기술을 가진 이들이 서로 융합하자 브랜드에 독특한 가치가 더해졌다. 오주르르주르의 시그너처 아이템인 스웨트셔츠나 티셔츠에 적혀 있는 문구와 디테일은 아이러니하고 앙증맞기도 하다. 또 귀엽고 독특하다. 발레복으로 쓰일 것 같은 튀튀 망사를 스웨트셔츠에 덧대서 매우 여성스럽고 우아한 느낌도 준다. 100% Made in Italy를 지향한다.

원래 스웨트셔츠와 티셔츠를 중심으로 한 캡슐 컬렉션 크기의 작은 규모였는데, 2017 FW 시즌에는 훨씬 커진 풀 컬렉션을 선보였고 가격도 한층 비싸졌다. 툴, 실크, 레이스 등을 많이 사용하여 여성스러워진 것도 특징이다. 2017 SS까지는 투모로우쇼룸과 협업했으나 2017 FW부터 스튜디오제타에서 만날 수 있게 되었다.

Studio Zeta

John Richmond

since 1987

| High Contemporary | 🇮🇹 Italy | John Richmond |

영국 맨체스터 출신인 존 리치몬드John Richmond는 디자이너가 되겠다는 꿈을 가지고 런던으로, 밀라노로 향한다. 1982년 킹스턴대학 Kingston University에서 패션디자인을 전공한 후, 곧장 자신의 이름으로 컬렉션을 선보이기 시작했다. 조르지오아르마니Giorgio Armani, 피오루치 Fiorucci 같은 브랜드와 여러 번 협업을 진행하며 실력을 쌓았다.

1987년 존은 자신의 이름으로 된 세 컬렉션을 만들었다. 메인 라인인 John Richmond, 세컨드 라인인 Richmond X, 그리고 데님 라인인 Richmond Denim이 바로 그것이다. 그러고는 1995년 자신의 브랜드를 진정한 인터내셔널 브랜드로 만들겠다는 야심을 안고 밀라노로 거처를 옮긴다. 이제 그의 꿈은 현실이 되었고 세계적으로 유명한 편집숍이 그의 브랜드를 바잉한다.

그는 영감의 원천을 음악에서 발견한다. 그래서 그의 디자인은 록 음악과 패션의 결합이라고 정의할 수 있다. "나는 10대 시절 듣던 음악에서 패션을 배웠다. 데이비드 보위David Bowie, 마크 볼란Marc Bolan, 록시 뮤직Roxy Music, 펑크Punk 등이 나의 디자인 디엔에이DNA가 되었다"라고 리치몬드는 말한다. 이런 록 뮤직 디엔에이와 스트리트 시크함이 합쳐지면서 리치몬드만의 독특한 스타일이 완성되었다. 특히 아이코닉 타투 프린트, 최고의 컷과 핏, 최상의 소재가 돋보인다. 음악과 가까운 존의 성향 덕분에 레이디 가가, 데이비드 보위, 마돈나, 듀란듀란Duran Duran, 마이클 잭슨 등이 그의 옷을 입었다. 이처럼 존은 세계적인 명성과 사업의 성공을 동시에 움켜쥔 디자이너다.

고급스러운 록 펑크 스트리트웨어가 특징인 브랜드다. 핏이 완전히 똑 떨어져서, 10여 년 전에 산 검은색 코트는 지금 입어도 여전히 예쁘다. 과하지 않은 디자인도 많으니 겁먹지 말고 도전해보기 바란다.

Studio Zeta

L'edition
since 2014

| Contemporary-High Contemporary | 🇮🇹 Italy | Stefano Paolelli & Milena Vertoncelli |

레디션 L'edition은 세 살밖에 안 된 신생 브랜드지만, 이미 걸음마 단계를 지나 펄쩍펄쩍 뛰고 있는 브랜드다. 독특한 컷, 믹스 앤 매치 패브릭, 상식을 뛰어넘는 편한 디자인 등으로 패션 피플들의 마음을 사로잡았다.

스테파노 파올렐리 Stefano Paolelli와 밀레나 베르톤셀리 Milena Vertoncelli의 스타일은 이탈리아식 전통과 모더니즘을 표현하는 유러피안 룩의 융합이다. 고급스러운 내추럴 패브릭을 사용하여 서구 문화에서 중시하는 사람과 자연의 관계를 상징한다. 스타일에 대한 철저한 연구를 통해 누구나 쉽게 입을 수 있는 동시에 그들만의 색채가 가득한 디자인을 완성했다.

레디션의 컬렉션은 두 부분으로 나뉜다. 하나는 일반적인 RTW 컬렉션이고, 다른 하나는 밀리터리 재킷 컬렉션이다. RTW 컬렉션은 믹스 앤 매치 패브릭으로 귀엽고 가성비도 좋다. 밀리터리 재킷 컬렉션은 비즈와 자수 등이 수작업으로 되어 있어 가격이 매우 높은 편이나, 그만큼 퀄리티도 훌륭하다. 2018 FW의 스와로브스키 패치가 달린 재킷은 당장 갖고 싶은 심정이었다. 3년도 안 된 브랜드가 이 정도 실력을 갖추고 있으니 앞으로의 행보가 더욱 기대된다.

Maryling
since 2010

| High Contemporary-Luxury | Italy |

메릴링은 우아하고 아름다운 컬렉션으로 현대의 여성성을 기린다. 럭셔리한 패브릭과 컷, 세련되고 현대적인 디자인을 통해 현대 여성에게 편안한 스타일을 제공한다. 직장인, 엄마, 아내, 딸 등 다양한 역할을 동시에 수행하는 현대 여성의 니즈를 만족시키는 컬렉션이 주를 이룬다. 한마디로 퀄리티와 디자인은 럭셔리인데, 가성비가 좋아서 더 좋은 럭셔리 브랜드다. 스튜디오제타에서 가장 잘 팔리는 브랜드 중 하나라서 매우 커다란 방 하나를 차지하고 있으며 매 시즌 두 자리 숫자의 성장률을 보인다. 밀라노에서 가장 핫한 편집숍 엑셀시오르 Excelsior의 메인 디스플레이를 차지하는 브랜드고, 도쿄 신주쿠의 다카시마야 Takashimaya 백화점 윈

Studio Zeta

도우 디스플레이도 장식했다. 국내에서는 편집숍 스페이스눌과 메릴링 모노 브랜드 스토어를 통해 만나볼 수 있다.

 국내에서도 재구매율이 매우 높은 브랜드에 해당한다. 메릴링을 입어본 사람은 그 퀄리티와 디자인에 반해 반드시 다시 찾는다. 나는 작은 키 때문에 위아래가 따로 떨어진 아이템 보다 드레스(원피스)를 즐겨 입는다. 메릴링 원피스가 서너 벌 있는데, 입을 때마다 스스로가 매우 사랑스럽고 여성스럽게 느껴진다. 참 예쁜 원피스다. 100% 이탈리아산 최고급 원단을 사용하며 매우 고급스러운 꾸뛰르 기법으로 제작된다. 가격은 하이 컨템과 럭셔리 중간 정도로 보다 넓은 고객층에게 어필하고 있다. 원피스나 여성스러운 핏을 좋아한다면 반드시 입어보기를 바란다. 겨울에는 다양한 구스다운도 선보인다. 따듯하면서 여성스럽고 스타일리시한 패딩이다. 아무리 칭찬해도 부족함이 없는 브랜드다.

MD Insight
엠디 인사이트

쇼룸 리카르도그라시 섹션에서 언급한 대로 마우로와 리카르도는 커플이자 동업자였다. 이들은 사적으로도, 공적으로도 파트너였다. 그런데 마우로가 사적인 관계에서 리카르도에게 오랫동안 신뢰를 주지 못했다고 한다. 리카르도는 긴 세월 몹시 괴로워하다 결국 5년 전 이별을 통보했고 둘은 그렇게 헤어졌다. 그런데 이탈리아 패션 관계자들의 말에 따르면, 실제 디자이너의 잠재력을 알아보는 쪽은 늘 리카르도 그라시였다고 한다.

둘의 결별 이후, 리카르도를 믿고 따르던 디자이너들 상당수가 스튜디오제타를 떠나 그를 도왔다. 덕분에 쇼룸 리카르도그라시가 빨리 자리를 잡을 수 있었다. 반면 좋은 디자이너를 잃게 된 스튜디오제타는 수년간 새로운 디자이너를 찾고 키우는 데 고전을 면치 못했다. 그러니 마우로와 리카르도 사이가 좋았을 리 없다. 『패션 MD』 브랜드 편 사진을 찍기 1년 반 전쯤, 쇼룸 리카르도그라시에 들른 적 있다. 그때 《패션 MD》 바잉 편을 보여주었더니, 스튜디오제타와 이름이 엮이는 것을 절대 용납할 수 없다며 펄쩍 뛰었다.

이후 마우로와 리카르도는 다행히 화해를 했고 좋은 친구로 남기로 했단다. 이 책을 위해 마우로를 인터뷰할 때도, 그는 리카르도그라시가 훌륭한 쇼룸이라며 매우 칭찬했다. 그래서인지 리카르도 그라시와 마우로 갈리가리는 현재 각자의 쇼룸 소개 페이지에 글자 하나 다르지 않은 똑같은 바이오그라피Biography를 나누고 있다. 둘 사이가 다시 좋아진 것인지, 스튜디오제타 시절의 경력을 서로 자기 것이라고 우기는 상황인지 알 수 없지만 나는 후자라고 생각한다 말이다. 어쨌거나 두 쇼룸 대표의 바이오그라피가 마치 한 사람의 것처럼 똑같다니 재미있는 일이다.

Studio Zeta 스튜디오제타

Tomorrow Showroom 투모로우쇼룸

since 2011

세계적인 패션 시티 다섯 곳에 쇼룸을 운영하는 쇼룸 대기업이다. 현재 4대륙에 걸쳐 120명 이상을 쇼룸 인원으로 고용하고 있다.

e-mail:
info@tomorrowltd.com
sales-womens@tomorrowltd.com

address

London
Tate Modern Blavatnik Building
entrance Sumner Street SE1 9TG
London, UK
Tel. +44 (0) 207 033 7710

Milano
Superstudio 13 Via Vincenzo
Forcella, 13 20144 Milano MI, Italy
Tel. +39 (0) 2 89 400 143

10/

- Italy
- France
- UK
- Hong Kong

Paris
Tomorrow Building 28 Rue de Lappe, 75011 Paris, France
Tel. +33 (0) 9 67 01 74 71

Hong Kong
Unit 1A&B, Gee Luen Hing Industrial Building 2 Yip Fat St. Wong Chuk Hang Hong Kong, Hong Kong
Tel. +852 2832 2966

▲
투모로우쇼룸의
런던 사무실 전경

Story
설립 스토리

설립자이자 CEO인 스테파노 마르티네토 Stefano Martinetto 가 들려주는 이야기가 인상적이었다.

"저희 집안은 아버지 때부터 2대가 쇼룸에서 일해왔습니다. 그러는 동안 쇼룸 비즈니스의 여러 가지 한계를 피부로 느꼈습니다. 이를 극복해야겠다는 생각으로 2011년 젊은 인재들과 함께 투모로우쇼룸Tomorrow Showroom을 만들었습니다. 일반적인 쇼룸의 기능을 넘어서 작지만 퍼텐셜 큰 브랜드가 사용할 수 있는 최초의 글로벌 멀티 서비스 구조를 만들고자 한 것입니다. 한마디로 디자이너와 시장을 직접 연결할 '원스톱 숍One-stop Shop'이 되고자 한 것이지요. 물류 유통 플랫폼, 재정 지원, 고객 서비스를 제공할 뿐만 아니라 사업 계획과 개발, 아이템의 상품화, 의사소통을 위한 전략까지 함께 제공하는 것입니다.

우리는 대형 소매 업체의 비즈니스 모델에서 영감을 얻어 그것을 도매 세계로 가져왔습니다. 쇼룸, 로지스틱, 컨설팅, 마케팅, 멀티 브랜드, 멀티 서비스 등을 하나의 채널로 묶는 모델입니다.

이전의 쇼룸들이 발굴한 브랜드를 바이어에게 보여주는 것에 그쳤다면, 투모로우쇼룸은 브랜드의 펀딩을 돕고 제조도 직접 해주며, 마케팅 지원뿐 아니라 물류와 유통까지 해주는 것을 목표로 만들어졌습니다. 현재도 그 역할에 충실하고 있지요. 이제 런던, 밀라노, 파리, 홍콩 등에 상설 쇼룸을 두고 세계적인 그룹으로 성장하려는 더 큰 목표를 세우고 있습니다.

각각의 도시에 쇼룸을 둔 이유는 패션 시장의 큰손이라 할 수 있는 패션 대도시 마켓에 참여하는 타깃 바이어와 관련이 있습니다. 밀라노와 파리는 본질적으로 상호 보완적이지만, 런던과 뉴욕에서의 쇼룸 운영은 현지 시장에서 입지를 공고히 하는 데 필수적입니다. 4개 시장의 잠재력은 엄청납니다. 우리가 선택한 모든 디자이너는 전 세계인 모두를 만날 기회를 갖습니다. 세계적 패션 도시에 쇼룸을 운영함으로써 우리는 패션 위크 기간 동안에만 약 71개국에서 들어오는 주문과 제품 관련 피드백을 수집할 수 있습니다. 한마디로 'think global, act local' 할 수 있는 모든 정보를 수집하는 것이지요. 이를 통해 디자이너들의 다음 컬렉션에도 도움을 줍니다.

디자이너들은 영감을 얻어 디자인만 하면 됩니다. 만들고 마케팅하고 팔고 쉽핑하는 것, 그러니까 디자인 이외의 모든 것은 저희가 책임지지요. 영감과 이성의 만남, 디자이너와 경영 및 공장의 만남인 셈입니다. 각자가 자신이 잘하는 분야만 함으로써 최고의 성과를 내는 것입니다."

CEO의 자부심과 당찬 포부에서 투모로우쇼룸만의 역량을 느낄 수 있었다.

▲
Rebecca Minkoff의
밀라노 쇼룸

◀
스트리트 웨어 느낌이 강한
브랜드를 전시하고 있다

About Fashion
투모로우쇼룸의 패션 철학

 패션은 그냥 걸어두고 감상만 하는 예술작품이 아니다. 지나치게 실험적인 '작품'이라 마켓이 외면할 정도라면 패션이 될 수 없다. 디자이너도 마켓의 요구를 파악할 수 있는 정도의 비즈니스적 마인드가 필요하다고 생각한다. 자기 세계에만 갇혀 있는 디자이너는 성공할 수 없다. 트렌드를 읽고 마켓의 요구에 귀를 기울이는 디자이너가 좋은 디자이너라고 생각한다. 패션은 예술과 실용의 만남이기 때문이다.

◀◀
밀라노의
투모로우쇼룸 전경

브랜드 큐레이팅 기준

브랜드 큐레이션을 위한 스카우팅 활동은 내일을 준비하고 계획하는 마음이자 열정이다. 투모로우쇼룸은 끊임없이 시장을 읽고 매달 상세한 보고서를 제출하는 국제 고문 패널을 보유하고 있다. 쇼룸의 대규모 판매팀은 마켓에서 들리는 뉴스라면 아무리 작은 소식이라도 곧바로 보고한다. 굵직한 패션 뉴스는 물론이고 마켓에 떠도는 사소한 루머에도 주의를 기울이고 다음 시즌에 대비한다. 투모로우쇼룸은 1년간 브랜드 3,000개의 프로필을 받고 얼마나 꾸준히 컬렉션을 발표해왔는지, 얼마나 큰 열정이 숨어 있는지 면밀히 검토한다. 그렇게 1년 동안 2, 3명의 새로운 디자이너를 선택한다.

또한 투모로우쇼룸은 젊고 재능 있는 디자이너를 위한 멘토링 및 지원 프로그램에 큰 관심을 갖고 있다. 파리와 이탈리아 등에서 열리는 다양한 패션 콘테스트를 지원하고 결승에 진출하거나 수상한 사람들을 재정적으로 지원한다. 먼저 투모로우쇼룸의 동생 쇼룸 격인 유콘셉트 You Concept 에서 유명 바이어에게 컬렉션을 보여줄 기회를 한두 시즌 정도 제공한다. 이후에는 브랜드 및 상품화를 지원하고 관리해주며 그들의 사업 계획, 이미지, 포지셔닝 등 모든 프로젝트를 관리하고 돕는다.

투모로우쇼룸은 많은 사람들에게 영감을 줄 수 있는 디자이너와 브랜드를 선호한다. 결론적으로 말하자면 재능, 끈기, 인내, 영감이 브랜드 선택의 기준이다.

투모로우 밀라노 쇼룸 전경

지극히 주관적이고
사심 가득한
운영자 최애 브랜드

투모로우쇼룸을 통해
소개되고 있는 브랜드

Brands

42|54	C-Clique	Enföld
A-cold-wall	Caine	Facetasm
Ader Error	Cander Paris	Geym
Adidas x WM	Claudia Li	Han Kjøbenhavn
Afterhomework x Add	Cutler and Gross	Invicta x Diesel
Ambush	D by D	Jejia
Avec La Troupe	D.Gnak	Joanna Laura Constantine
Avoc	Damselfly	Jourden
Beautiful People	Dyne	Kappa x Afl x Shauna
Biannual	Dyne x Save the Duck	T/P.A.M
Blackbarrett	Dumitrascu	L.G.R.
Blanche	Edmos	Le Cord

LSTN	Oxydo	Stella Jean
Markus Lupfer	P.A.M	Suecomma Bonnie
Marni	Paul & Yakov	Sunnei
Masha x Reva Ellipsee	Polly Plume	This Is Not a F*cking Street Style Book
Merchant Archive	Ports 1961	Tibi
Midnight Studios	Rebecca Minkoff	Tonello CS
Monreal London	Ruifier	Tu Es Mon Trésor
MRZ	Salar	Uri Minkoff
Nemen	Sapopa	Vital Material
Nina Smith	Schield	White Mountaineering
No Ka'Oi	Selahattin	
Oamc	SJYP	

Tomorrow Showroom

Jourden

since 2012

| High Contemporary | 🇭🇰 Hong Kong | Alex Leung & Anais Mak |

디자이너 아나이스 막Anais Mak은 파리에서 공부한 뒤, 고향인 홍콩에 브랜드 조던Jorden을 설립했다. 그녀는 '누군가가 자신을 예쁘다고 칭찬해주기를 원하는 소녀 감성에 어필하는 옷'을 만들고자 한다. 스쿨걸 같으면서도 어딘가 모를 터프함과 성숙함이 묻어나는 티어드 스커트, 티어드 스커트가 붙어 있는 드레스가 시그너처 아이템이다.

조던 컬렉션은 독특한 직조와 매우 정제된 실루엣의 균형을 특징으로 한다. 그 디자인은 부서질 듯 순수한 동시에 터프하다. 또 너티하면서도 매우 여성스러우며 어딘가 매니시한 분위기가 있다고 평가받는다. 2015년 루이비통 모에헤네시그룹LVMH 최고상과, 2015년 보그 이탈리아의 Who's on Next를 수상했다.

Merchant Archive
since 2015

| Luxury | 🇬🇧 UK | Sophie Merchant |

크리에이티브 디렉터이자 브랜드의 파운더인 소피 머천트 Sophie Merchant는, 2007년부터 아름다운 빈티지 아이템을 셀럽과 스타일리스트, 디자이너들에게 팔기 시작했다. 세계적으로 유명한 브랜드와 일한 후, 고객들로부터 독특하고 아름다운 빈티지 아이템에 대한 많은 요구를 받게 되자 디자이너 소피는 아예 빈티지 아이템과 흡사한 작은 컬렉션을 만들게 된다.

전 컬렉션이 영국, 프랑스, 이탈리아의 최고급 원단을 사용하며 100% 영국에서 제작된다. 퀄리티와 장인 정신이 최고인 브랜드다.

소피는 과거의 세련된 역사적 아이템들로부터 영감을 받아 독특하고 모던한 여성의 워드로브를 창조해냈다. 60년대 영화에서 튀어나온 듯한 느낌의 공단 드레스들이 시그너처 아이템이다. 아름다운 건 사실이지만 국내 마켓에 맞을지는 미지수다. 두꺼운 공단 느낌의 실크는 국내 마켓에서 단골 실패 아이템 중 하나이므로 국내 바이어라면 바잉 전 신중하게 고심해야 한다.

Ports 1961

since 1961(2011년 리론칭)

| Luxury | 🇮🇹 Italy | Creative Director: Natasa Cagalj |

1961년에 론칭한 포츠1961Ports 1961은 브랜드의 주인장이 여러 번 바뀌고 헤드쿼터도 중국, 미국, 밀라노 등 여러 차례 바뀌며 그에 따라 정체성도 많이 바뀌었다. 2010년 차이나머니가 이 브랜드를 인수한 뒤 스텔라매카트니의 수석 디자이너였던 나타샤 차갈Natasa Cagalj을 크리에이티브 디렉터로 영입했다. 이후 독특한 실루엣으로 시크하고 모던한 아방가르드룩을 연출하는 명품 브랜드로 재탄생했다.

디자인팀의 베이스를 명품 패션의 중심인 밀라노로 옮긴 후 패션 위크에도 참여하고, 파리 패션의 심장부인 생토노레Saint-Honoré에 플래그십 스토어도 오픈하며 당당히 명품 브랜드 대열에 합류했다. 모던한 미학을 자신감 넘치게 표현해내는 나타샤 차갈의 지휘 아래 고급스럽고 편하며 핫한 브랜드가 되었다.

우리나라에서는 한 대기업이 독점권을 가지고 있어, 당분간은 바잉이 어렵다.

Stella Jean

since 2011

| High Contemporary-Luxury | 🟩 Italy | Stella Jean |

이탈리안 패션 디자이너 스텔라 쟝Stella Jean 은 로마에 거주 중이다. 아프리카와 캐리비언 테마, 자신의 피어머니에게서 물려받은에 흐르는 타이티의 이미저리를 클래식한 이탈리안 테일러링으로 잘 버무려낸다.

스텔라 쟝은 아이티나 아프리카 장인들과 함께 작업하며 가난한 나라의 장인들을 도와주려는 노력을 계속한다. 더불어 그들의 전통과 예술을 보존할 수 있도록 지원하고 있다. 디자이너의 개인적 신념도 매력적이지만 컬렉션 자체만 보더라도 매우 신선하고 화려한 브랜드다.

풍부한 테크닉과 프린트, 다양한 문화적 융합이 심플하고 여성스러운 실루엣과 합쳐진 그녀의 컬렉션은 강렬한 색채가 특히 인상적이다. 많은 작품들이 고갱의 〈타히티의 여인들〉의 색채를 닮아 있다. 어느 브랜드와도 닮지 않은 자신만의 분명한 정체성을 지닌 브랜드다.

Tibi

since 1997

| High Contemporary | 🇭🇰 Hong Kong | Amy Smilovic |

20여 년 전 디자이너 에이미 스밀로빅Amy Smilovic이 홍콩에서 론칭할 당시 티비는 여성스럽고 프린트가 강한 브랜드였다. 이후 2012년, 클린 미니멀리즘의 정수를 보여주는 파워블로거 엘린 클링『패션 MD』바잉 편 74-75쪽 참조의 도움으로 프린트가 없는 미니멀한 컬렉션을 선보이며 한 단계 성숙한다.

이제는 미니멀리즘에 여성성이라는 티비의 아이덴티티를 완벽하게 조화시킨 룩을 탄생시키며 승승장구하고 있다. 투모로우쇼룸에서 가장 큰 공간을 차지하고 있는 브랜드다. 미국 브랜드지만 100% Made in China이며, 고가임에도 불구하고 정말 불티나게 팔리는 중이라고 세일즈 스텝이 전한다.

MD Insight
엠디 인사이트

Tomorrow Showroom
투모로우쇼룸

투모로우쇼룸은 쇼룸이라기보다 기업에 가깝다. 마인드도 시스템도 그렇다. 우리나라 바이어들이 버짓Budget, 바잉 액수에 대한 압박을 가장 많이 느끼는 쇼룸이기도 하다. 바잉이 끝나면 늘 바잉 버짓이 얼마일지 묻는 까닭이다. 그만큼 세일즈팀도 판매에 대한 압박을 느끼고 있다는 의미다. 하지만 신진 디자이너에게는 좋은 쇼룸이다. 특히 재능은 있으나 샘플을 만들어낼 경제력이 안 되거나 쉬핑이나 인보이싱할 인원이 부족한 디자이너라면, 디자인 이외의 모든 것을 다 해결해주는 이곳이 참 좋을 것이다. 그러나 쇼룸 문턱이 워낙 높아 권위 있는 기관에서 큰 상을 받아야만 웨이팅 리스트에 오를 수 있다.

투모로우쇼룸은 유콘셉트라는 섹션을 별도로 두어 신진 디자이너를 소개한다. 밀라노 쇼룸에는 유콘셉트가 1층에 자리하고 있어 쇼룸 방문자라면 누구든 볼 수 있다. 파리 쇼룸은 투모로우쇼룸에서 가까운 곳에 별도의 공간을 마련하고 있으니 반드시 체크해보기 바란다. 바로 그곳에서 예쁘고 펀한 이탈리아 야상 브랜드 미노 마에스트렐리Mino Maestrelli를 발견했기 때문이다. 유콘셉트에서 바이어들의 높은 호응을 받아 많이 팔리면 투모로우쇼룸으로 옮겨 정식으로 데뷔하게 된다.

투모로우쇼룸에는 11년 전 내가 발굴해 국내에 소개한 SJYP가 있다. 쇼룸이 추천하는 브랜드에 끼면 좋겠다는 바람을 가졌지만, 리스트 안에 없어 조금 아쉬웠다. 하지만 SJYP는 분명 투모로우쇼룸에서 잘 나가는 브랜드다. 국내 브랜드가, 그것도 내가 11년 전 파리의 한 트레이드 쇼에서 발견해 3-4년 가까이 국내 마켓을 개발해주었던 브랜드가 당당히 쇼룸 한 켠을 차지하고 있다니 정말 자랑스럽다. 앞으로 더 많은 국내 디자이너를 투모로우 같이 핫한 쇼룸에서 보게 되길 바란다.

Other Showrooms

TOP 10 쇼룸 외에, 관심있게 지켜볼 만한 쇼룸 10개를 추천한다. 런던, 밀라노, 파리 등 유럽 베이스 쇼룸은 알파벳 순서로 정리했다. 이어서 미국, 일본, 홍콩, 한국의 쇼룸이 하나씩 이어진다.

88 Showroom

address
Via Bergamo, 14, 20135
Milano MI, Italy

88쇼룸에서 내가 가장 좋아하는 브랜드는 사토리얼몽크 Satorial Monk다. 사토리얼몽크는 블랙 앤 화이트의 극도로 정제된 컬러 팔레트로 깔끔한 아방가르드 핏을 선보이며 많은 패피의 사랑을 받고 있다.

그와는 전혀 다르게 귀엽고 키치한 코트 캡슐 컬렉션 브랜드 프론트스트리트8 *Front Street 8* 역시 좋아하는 브랜드다. 프론트스트리트8은 2017년, 2018년 갤러리아 백화점 한 편집숍에서 두 달 만에 150장이 팔릴 정도로 인기가 높았다. 18 FW에 갤러리아 백화점에 시즌 팝업이 잡혀 있을 정도로 고객 니즈가 높고 가성비 좋은 이탈리아 브랜드다. 정제된 기본 코트 컷에 펑키한 디테일이 더해져 현재 인스타그램에서 폭발적인 인기를 누리고 있다. 패션을 좋아하는 한 사람으로서 프론트스트리트8의 2018 FW 전체 컬렉션을 볼 수 있는 갤러리아 팝업 스토어가 벌써부터 기다려진다.

	Brands	
3Otto3	Ilariusss	Sartorial Monk
A Bush of Ghosts	Les Benjamins	Signal Lost
Andrea Marcaccini	Lost & Found Ria Dunn	The New Designers
Annapurna	Matteo Manzini	Tigha
Bacon Clothing	Mattia Capezzani	Urban Sun
C-Diem	Maunakea	Verdura
Cinzia Araia	Minia	Voodooeight
Clemmys	MNSTR Clothing	White Sand
Daily Paper	Nicolas & Mark	Yes London Women
Eybicy	Numero 00	Yohanix
Fantabody	Odeur	+8parisrock
Front Street 8	Ring	

Four Marketing

런던 베이스 쇼룸인 포마케팅 Four Marketing은 영국 브랜드와 미국 브랜드, 요즘 패피들의 주목을 받고 있는 북유럽 브랜드를 소개한다. 또 홀세일, 디스트리뷰션, 프레스 등을 관리한다. 작지만 단단한 컬렉션을 선보이는 북유럽 브랜드 세실코펜하겐 Cecile Copenhagen은 귀엽고, 시크한 브랜드 호프 Hope는 멋지다. 그런데 동심을 자극하며 귀엽고 톡톡 튀는 무아무아돌스 Mua Mua Dolls에 눈길이 많이 간다. 2018 FW 컬렉션을 선보이는 프리미에 클라스 Premiere Classe에도 참여했는데 그 디스플레이가 너무도 귀여웠다. 조만간 국내에서 팝업 스토어를 전개한다고 한다.

Brands		
Ag	Mua Mua Dolls	Stutterheim
Cecilie Copenhagen	Orla Kiely	Vix, Kendall+kylie
Hope	Penfield	Velvet
Karl Lagerfeld	Perseverance London	Woolrich
Kendall+Kylie	Pyrenex	Zoe Karssen
Laurel	Seven For All Mankind	
M Missoni	Stand	

address

London
20 Garrett St, London
EC1Y 0TW, UK
Tel. +44 (0)20 7608 9100

Paris
46 Rue du Vertbois 75003
Paris, France

e-mail
info@fourmarketing.com

Man/Woman Shows

since 2012 | Antoine Floch & Olivier Migda(Founder & Co-Director)

address
19 Rue Notre Dame de Nazareth, 75003 Paris, France
Tel. +33 9 67 42 01 41

e-mail
exhibit@manwomanshows.com

맨앤우먼쇼Man/Woman Shows는 뉴욕, 파리, 도쿄의 패션 위크에 참여한다. 크기와 브랜드 믹스를 보면 쇼룸과 트레이드 쇼의 중간 정도 되는 규모다. 뉴욕, 파리, 도쿄라는 매우 다른 세 마켓 사이에서 다리 역할을 한다. 브랜드와 바이어 및 리테일러들 사이에 신뢰할 만한 플랫폼을 개발하고 구축해나가는 것을 목표로 한다.

가장 큰 강점은 브랜드 믹스, 즉 큐레이션에 있다. 각각의 도시에서 열리는 쇼의 큐레이션은 도시 특성에 따라 다르다. 그들의 웹페이지를 살펴보면 알겠지만, 파리에서 열리는 맨앤우먼쇼의 브랜드 믹스가 가장 화려하고 훌륭하다. 큰 기대 없이 들른 쇼룸인데 브랜드 믹스가 훌륭해서 깜짝 놀랄 정도였다. 매 시즌 브랜드 믹스가 많이 달라지기 때문에 일관성이 부족하다는 점이 약간의 흠이다. 보유 브랜드 중 내가 가장 좋아하는 브랜드는 단연 마라호프만Mara Hoffman이다. 방랑벽이 느껴질 정도로 강한 집시풍의 마라호프만 컬렉션은 강렬한 색채가 마치 추상작품을 보는 듯한 느낌을 준다. 여름에 입기 딱 좋은 원피스와 셔츠 아이템이 많다.

Brands			
About	Gabriela Artigas & Company	Maiami	Roxane Baines
Ace & Jig	Girls of Dust	Maison Labiche	Rue Blanche
Aeryne	Hoffman Copenhagen	Maison Marcy	Sideline
Arch The	Hotel Bleu	Mara Hoffman	Sleeping Gypsy
Atelier Delphine	Howlin'	Marcomonde	Spring Court
Aymara	Humanoid	Merz b. Schwanen	Stan Ray
Bags In Progress	Iris Maree	Mijeong Park	Stand-Alone
Bon Parfumeur	Invin	Monique Van Heist	Steve Mono
By Far	Jo Gordon	Mr. Larkin	Sunad
Can Pep Rey	Justine Clenquet	Muséd	The Steamery
Caramel	Karhu	Norse Projects	ToujoursTriaa
Carla Colour	Karine Lecchi	Nous	Trine Tuxen Jewelry
Christine Alcalay	Kashura	Of Her Own Kind	Užupio Keturiolika
Creatures of Comfort	Kurt Lyle	Orslow	Veja
DA/DA Dianne Ducasse	Le Mont Saint Michel	Parisa Wang	W'menswear
Dad's Cap	Leoca	Pyrus	WOYOYO– Sound of Knitting
Donna Wilson	Lindsey Thornburg	Quin	Wray
Faris	Lola Hats Maiami	Revisited	

MC2 Diffusion

1991년에 마레 지구의 심장부에 오픈한 엠씨투디퓨전 MC2 Diffusion은 하이엔드 디자이너 쇼룸이다. 신진 디자이너를 발굴하고 유명한 디자이너와의 협업을 통해 파리 패션계에서 자신의 역할을 묵묵히 해나가고 있다. 예전에는 당대 핫한 브랜드의 집합지였으나, 요즘은 이탈리아 쇼룸의 강세에 그 힘을 약간 잃은 상태다.

최근에는 디자인, 제조, 마케팅, 세일즈 및 디스트리뷰션까지 참여해 디자이너를 돕기 시작했다. 쇼룸 한 켠을 렌트 형식으로 사용하여 새롭고 당찬 디자이너 브랜드를 소개한다. 우리나라 패션 대기업인 삼성이 키운 디자이너 브랜드 준지 Juun. J도 당당히 한 섹션을 차지하고 있다.

Brands		
Alice Balas	Emmanuelle Khanh	Tiger in the Rain
Antonio Berardi	IO Ivana Omazić	Vera Wang
Antonio Berardi Pre	Jil Sander Navy	Villalba
Atelier Notify	Juun.J	Villalba Demi Couture
Bourie	Katya Dobryakova	

address
41 Rue de Saintonge,
75003 Paris, France
Tel. +33 1 48 04 06 48

이 쇼룸에서 내가 가장 좋아하는 브랜드는 러시아 디자이너가 뉴욕에서 론칭한 카티아도브리야코바*Katya Dobryakova*다. 자수와 비즈 디테일이 매우 고급스러우면서 시크하고 재미있다.

Rainbowwave
Showroom

since 2002

address

London
2146 Royal College St
London, NW1 0TA, UK
Tel. +44 (0)20 3227 4970

Paris
22 Rue de la Michodiere,
75002 Paris, France

e-mail
info@rainbowwave.com

　쇼룸 이름대로 담당자의 명함 색이 빨주노초파남보 레인보우 컬러로 되어 있는 럭셔리 쇼룸이다. 쇼룸의 RTW 브랜드 중 내가 가장 좋아했던 브랜드는 강력한 색채와 프린트가 시그너처인 럭셔리 브랜드 피터필로토 *Peter Pilotto*였다. 그런데 2018 FW 컬렉션부터 이 쇼룸과는 더 이상 협업하지 않게 되었다. 브랜드가 커져서 자립하게 되면 모노 쇼룸으로 나가거나 보다 큰 쇼룸으로 옮기기도 한다. 피터필로토 외에 '전지현 야상'으로 유명한 미스터앤미세스 *Mr & Mrs Italy*와 가성비 좋고 아름다운 드레스 전문 브랜드 조나단심카이 *Jonathan Simkhai*도 내가 좋아하는 브랜드다.

　레인보우쇼룸은 귀금속 액세서리 브랜드도 제법 큰 셀렉션을 보유한다. 그중 로마에서 수작업으로 만드는 요셀리아니 *Iosseliani*는 드레시한 옷부터 캐주얼까지 어울리는 매우 시크한 브랜드다.

　런던과 뉴욕 쇼룸에 35명 이상의 전문가 팀이 구성되어 있는 쇼룸이다.

Brands 의류			
Adeam	Emilia Wickstead	Koché	Raguel Allegra
Bella Freud	Giuliva Heritage Collection	Lem lem	Re/Done
Cercle Amedee	Jonathan Simkhai	Mr&Mrs Italy	Ryan Roche
CF Goldman	Jupe by Jackie	Overcoat	Sig Neigum
Brands 액세서리			
Anna Sheffield	Feit	Marla Aaron	Shihara
Annelise Michelson	Garrett Leight	Pamela Love	
Dianora Salviati	Iosseliani	Pippa Small	

Showroom Papaveri

address
Via Ciro Menotti, 9, 20129
Milano MI, Italy
Tel. +39 02 55199678

e-mail
info@showroompapaveri.com

밀라노 한 가운데에 약 300평에 달하는 공간과 많은 브랜드를 가진 커다란 쇼룸이다. 파리나 다른 도시에는 쇼룸이 없고, 다른 도시에서 진행되는 트레이드 쇼에도 참여하지 않는다. 쇼룸의 브랜드 중 텔라*Tela*나 누드*Nude* 같은 브랜드는 홍콩에 베이스를 둔 쇼룸 파피에*The Papier*가 전개하고 있다.

이 쇼룸에서 내가 가장 좋아하는 RTW 브랜드는 텔라다. 내추럴하면서도 고급스러운 아방가르드룩을 보여준다.

이 쇼룸이 전개하는 액세서리 브랜드 중, 라다액세서리 *Radà Accessori*라는 브랜드가 있다. 우리나라의 몇몇 멀티숍에서도 제법 많은 양을 바잉하기도 했다. 그런데 최근 뉴욕에 사는 한국인 파워 인스타그래머 'jiyo25'가 국내 독점권을 가져갔다. SNS에 사진을 올리며 팔던 개인이 대기업 등 국내 여러 편집숍이 판매하던 브랜드의 독점 판권을 가져간 것이다. 인스타그램의 엄청난 힘을 실감하는 사건이 아닐 수 없다.

Brands		
A. chamonix	Mes demoiselles	Poppies
Co.go	Mi.Ya	Radà Accessori
Douuod	Miki_Za	Tela
Jucca	Nude	
Liven	Nuwoola	

address
58, Rue Charlot 75003
Paris, France

e-mail
contact@showroomtd.com

Showroom Thomasdufour **(Appointment Only)**

since 1994

마레에 위치한 이 쇼룸은 그리 크지 않지만, 포르테포르테*Forte Forte*나 로제나*Roseanna* 같은 브랜드가 있어 국내 바이어가 많이 들르는 쇼룸이다.

내가 좋아하는 브랜드 역시 베네치아 출신의 남매가 론칭한 포르테포르테다. 멋 부리지 않은 듯하면서 시크하고 우아한 라인을 보여준다. 진지한 분위기의 포르테포르테는 젊은 라이프스타일을 더하여 부드럽고 가벼운 자연 소재를 수공예로 직조해서 사용한다. 모던한 비전과 소박한 매력이 동시에 녹아 있어 누구나 입을 수 있는 브랜드다.

	Brands	
32Paradis-Sprung Frères	Forte Forte	Sprung Frères
Aton	Roberto Collina	Stouls
Fabiero Sarti	Roseanna	

495 News Showroom

since 2000 / New York

address
495 Broadway 5th Floor
New York, NY 10012, USA
Tel. 212 925 9700

뉴욕에 기반을 둔 495뉴스쇼룸은 예전과 같은 영광을 누리고 있지는 않으나, 여전히 뉴욕에서 가장 핫한 쇼룸 중 하나다. 파리 패션 위크에도 지속적으로 참여하고 있는데, 주인장이 일본인 Stella Ishii이다 보니 아시아계 디자이너에게 관심이 많다. 현재는 엄청나게 유명해진 알렉산더왕이 이 쇼룸 한 켠에서 두 랙 정도의 컬렉션으로 데뷔했고, 한때 핫했던 3.1필립림 3.1 Phillip Lim 역시 495뉴스쇼룸이 발굴하고 키운 디자이너다.

이 쇼룸의 브랜드 중 국내에 가장 잘 알려진 브랜드는 아마도 클루 Clu일 것이다. 한국 디자이너가 론칭한 클루는 10여 년 전 거의 모든 편집숍에 들어가 있을 정도로 핫했다. 그러나 브랜드의 규모가 여전하고 디자인도 새롭지 않아 최근 인기가 많이 줄었다.

Brands			
6397	Destin(Scarves)	Malibu Sandals	Tim Coppens
Alumnae	Katharine Hamnett	Needles Rebuild	Woman by Common Projects
Clu	Laura Urbinati	Officine Générale	
Colovos	Leur Logette	Swedish Stockings	

address
Unit A&B, 32/F, TML Tower, 3 Hoi Shing Road, Tsuen Wan, H.K.
Tel. (852) 3518 9800

e-mail
info.showroom@
magfashiongroup.com

Magzzine (Appointment Only)

since 1989 / Hong Kong / Jocelyn Ho

Brands
Add
Alysi
AVN
Dondup
Essentiel
Hotel Particulier
Janet & Janet
Liven
Momoni
Rizal
Semicouture

홍콩에서 가장 큰 유러피안 패션 디스트리뷰터Distributor 이자 홀세일러다. 리테일스토어도 함께 전개한다. 매우 다양한 유럽 브랜드를 수입하여 홍콩, 마카오, 중국, 한국을 포함한 아시아 마켓에서 홀세일한다. 저렴한 이탈리아 스파SPA 브랜드 지분을 사들이는 사업도 함께 진행한다.

이 쇼룸과 나는 개인적인 인연이 있다. 몇 년 전, 이들이 지분의 반을 소유하고 있는 이탈리아 스파 브랜드의 국내 디스트리뷰션을 맡아주지 않겠느냐는 제안과 함께 홍콩 본사에 초대를 받은 적 있다. 쇼룸이 갖고 있는 브랜드 리스트와 운동장만 한 쇼룸 크기에 정말 놀랐다. 또한 홍콩이나 마카오 바이어들이 바잉 기간이 아님에도 수시로 물건을 셀렉해 그 자리에서 계산하고 곧장 가져갈 수 있다는 점도 흥미로웠다.

요즘 홍콩에 있는 쇼룸들이 하향세를 타고 있다고는 하나, 마가진은 여전히 자타가 공인하는 홍콩 제1의 쇼룸이다. 최근에는 하쉬의 디자이너 마누엘라Manuella의 아들이 운영하는 브랜드 AVN의 홍콩, 마카오, 중국 판권도 가져왔다고 한다. 마가진이 전개하는 브랜드 중 돈덥Dondup이 특히 귀엽다.

ONWARD LUXURY GROUP S.p.A.

since 2014 / Japan

address
Via Orobia, 34, 20139
Milano MI, Italy

아시아 쇼룸 중 유일하게 밀라노와 파리에 쇼룸을 두고 있는 회사다. 슈즈 셀렉션으로 유명했던 이탈리아의 지보Gibo쇼룸을 온원드그룹이 사서 2014년 온워드럭셔리그룹Onward Luxury Group으로 이름을 바꾸었다. 어마어마하게 큰 온워드그룹Onward Group을 모그룹으로 하는 온워드럭셔리그룹은 여타의 다른 쇼룸들과 좀 다르다. 이 쇼룸은 마크제이콥스Marc Jacobs, 존갈리아노John Galliano, 폴스미스Paul Smith, 끌로에Chloe, 마이클코어스Michael Kors, 로베르토카발리Roberto Cavalli, 안토니오마라스 등 럭셔리 브랜드의 제조와 디스트리뷰션을 맡고 있다.

온워드럭셔리그룹은 한때 유명했다가 파산한 브랜드, 베로니크브랑키노를 사들여 다시 부활시키려고 노력 중이다. 또한 로샤스Rochas의 전 세계 판권도 갖고 있다. 오모테산도에 있는 미소니 건물 위층이 그들의 도쿄 쇼룸이다. 도쿄 쇼룸에서는 일본에서 라이센싱으로 만들어지는 살라얀Chalayan의 세컨드 라인과 버나드윌헴Bernhard Willhelm의 도쿄 라인도 만나볼 수 있다. 이들은 얼마 전 프랑스의 꼼데가르송이라 불리는 브랜드 데바스테Devastee의 전 세계 판권을 가져온 바 있다한국 판권 제외, 한국 판권은 스페이스눌에 있다.

Brands (RTW)			
Antonio Berardi	Jil Sander Navy	Mulberry	Veronique Branquinho
Devastee	Michael Kors	Rochas	
Brands 신발			
Jil Sander		Mulberry	Rochas
Jil Sander Navy		Nina Ricci	See by Chloé
Joseph		Proenza Schouler	Veronique Branquinho

이 중에 내가 가장 좋아하는 브랜드는 로샤스와 데바스테다. N°21의 디자이너 알렉산드로 델아쿠아가 로샤스의 크리에이터로 합류했으니 더욱 영해지고 세련된 컬렉션을 보게 될 것이다.

Showroom
Space Null

since 2012 / Seoul

address
서울특별시 강남구 언주로
172길 62(신사동 663-18)
Tel. 02 515 1633

e-mail
ksm@null.co.kr

스페이스눌을 직접 운영하며 성장의 한계를 느끼는 경우가 많았다. 브랜드를 키우고 마켓을 개발해놓으면 대기업이나 스페이스눌보다 규모가 큰 곳에서 낚아채버리곤 했던 것이다. 그러던 중 6년 전 어느 날, 스토어 매출의 30% 이상을 차지하는 브랜드를 다른 기업에 빼앗기는 사건이 벌어졌다. 그 일을 계기로 우리 숍이 전개하던 브랜드 대부분에 독점 계약을 맺었다. 그중 호프와 파드칼레Pas de Calais는 한 대기업에서 엄청나게 큰 금액을 제안했음에도 불구하고 나와의 신뢰를 저버리지 않고 독점 및 디스트리뷰션 계약을 체결한 브랜드다.

파드칼레는 리테일스토어 체인인 바니스뉴욕백화점에서 판매율 1위를 자랑하는 브랜드다. 더불어 파리의 가장 핫한 편집숍인 메르시Merci의 메인 브랜드이기도 하다. 호프 역시 제2의 아크네로 불리며 두터운 팬층을 가지고 있다. 우리 쇼룸에 타격을 입힌 대기업은 이후 우리에게 쇼룸을 열어 홀세일을 해줄 수 없겠느냐고 제안해왔다. 이렇게 마켓의 니즈에 의해 나의 쇼룸 비즈니스가 시작되었다.

백화점에서 편집숍을 운영하면서 실제 고객들이 선호하는 스타일에 대한 정보를 얻을 수 있었다. 이렇게 얻은 정보들은 브랜드 사이즈나 판매율 등의 오더 기준이 없는 첫 시즌 때 여러 바이어와 공유했다. 삼성물산의 비이커Beaker, 신세계의 마이분, 그리고 SK 플래닛의 프로젝트앤Project Anne 등 대기업뿐 아니라, 슈퍼노멀Super Normal, 다앤딧Dah and Dit 같은 작은 편집숍도 소중한 홀세일 파트너다.

쇼룸 스페이스눌에서 전개하는 브랜드는 가까이에 있고 또 누구에게나 열려 있다. 또한 그 브랜드 리스트는 계속해서 늘어날 것이므로 바이어라면 누구나 기대해도 좋다. 수많은 국내 바이어들의 실질적인 바잉에 도움이 되도록 하나하나 자세히 소개한다.

Brands			
Devastee	Hope	Mino Maestrelli	Stella in Paris
Front Street 8	Katya Dobryakova	Pas de Calais	Stephan Schneider

Devastee

since 2004

| High Contemporary | 🇫🇷 France | Ophelie Klere & Francois Alary |

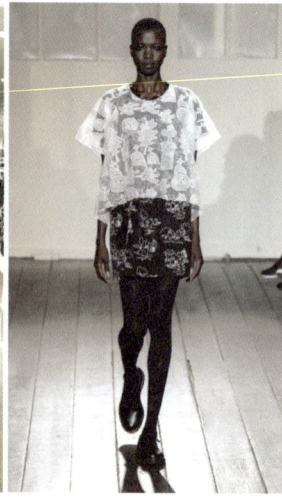

앞서 온워드럭셔리그룹에서 잠깐 언급한 브랜드다. 프렌치 시크와 정제되고도 편한 아방가르드룩을 선보인다. 프랑스의 꼼데가르송이라고 불리는데 핏과 컷보다는 톤다운된 컬러 팔레트가 닮았다. 오직 블랙 앤 화이트를 베이스로 한 독특한 패턴과 과감한 커팅으로 시크하면서도 심플하고 루즈한 핏을 추구한다. 프랑스와 알라리*Francois Alary*가 시즌의 일러스트를 그려내면, 그것을 이탈리아 공장에서 패브릭으로 만들고 그 패브릭을 전달받은 오펠리아 *Ophelie Klere*가 디자인한다.

이 브랜드를 입게 되면 그 편안함과 귀여운 프린트에 반해 곧 팬이 될 것이다. 그들의 액세서리 라인은 RTW보다 훨씬 저렴하니, 패피들에게는 반가운 소식이 아닐 수 없다.

Front Street 8 (88showroom Italy)

| Contemporary | 🇮🇹 Italy |

이 챕터에서 첫 번째로 소개한 88쇼룸의 브랜드 중 내가 가장 좋아하는 브랜드로 소개한 바 있다. 매우 퍼텐셜 크고 급성장하는 아우터웨어 캡슐 컬렉션 브랜드다. 100% Made in Italy 패브릭을 사용하고 핏도 예쁘다. 게다가 디자인까지 편한데 코트 가격은 798,000원이다! 덕분에 정말 호떡 팔리듯 팔린다. 2018년 겨울에는 갤러리아에 아예 단독 시즌 팝업이 예정되어 있고 신세계 마이분 등에서도 만나볼 수 있다고 한다.

Hope
since 2002

| Contemporary-High Contemporary | 🇸🇪 Sweden | Dreative Director : Frida mard |

아크네의 크리에이티브 디렉터 프리다 마르드 Frida mard와 그녀의 어시스턴트 디자이너, 남성 크리에이티브 디렉터와 어시스턴트 디자이너, 그리고 CFO. 이렇게 아크네의 핵심 멤버라고 할 수 있는 다섯 명이 3년 전 호프에 조인했다. 컨템 가격대에 있던 호프가 이제는 아크네처럼 하이컨템을 향해가고 있다.

13년 동안 아크네 스튜디오를 이끌었던 프리다는 2017년에 엘르 Elle가 주는 상을 받았다. 프리다는 아크네의 크리에이티브 디렉터로 있을 때, 이미 두 번의 엘르 상을 거머쥔 바 있다. 호프로 다시 수상한 그녀는 호프가 아크네보다 더 좋은 브랜드로 인식되었으면 한다고 밝혔다. 그녀의 희망은 곧 현실이 될 듯하다. 현재 호프의 인기는 빠르게 늘어나는 중국인 패셔니스타의 숫자에서도 확인된다. 올해 FW에는 월드타워 에비뉴엘에 남녀 모노 브랜드 스토어가 오픈할 예정이니 국내 패셔니스타들은 기대해도 좋다.

'호프' 하면 팬츠가 먼저 떠오를 정도로 팬츠에 강한 브랜드다. 매 시즌 새로운 팬츠 핏이 추가 되는데 늘 새로운 팬층을 일구어낸다. 그중에서도 크리시 Krissy 팬츠, 로우 팬츠, 레벨 팬츠 등은 팬츠 마니아들의 워드로브에는 반드시 있어야 할 잇 아이템으로 자리 잡은 지 오래다.

스칸디나비아 특유의 실용적인 시크함과 프렌치 아방가르드 분위기가 묻어나는 가성비 좋은 브랜드다.

Katya Dobryakova
since 2011

| Contemporary | 🇺🇸 USA | Katya Dobryakova |

엠씨투쇼룸에서 소개한 이 브랜드는 러시아 디자이너의 인텔렉츄얼Intellectual이 돋보이는 펀한 컬렉션으로, 매 시즌 강한 테마를 선보인다. 얼리 어답터들을 고객으로 둔 갤러리아에서 입고와 동시에 완판이 될 정도로 매우 핫한 반응을 얻고 있다. 귀엽고 독특한 스웨트셔츠와 데님 재킷이 시그너처 아이템이다. 브랜드의 비즈와 시퀀스 자수는 예술작품에 가깝다.

Mino Maestrelli

since 2007

| Contemporary-High Contemporary | 🇮🇹 Italy | Mino Maestrelli & Luigi Boselli |

투모로우 유콘셉트의 미노마에스트렐리Mino Maestrelli는 여성스러운 퍼 야상 중심의 한 컬렉션으로 탄생했다. 17 SS 부터는 스트리트웨어에 여성성을 불어넣은 풀 컬렉션을 소개하고 있다.

이탈리아 텍스타일 회사를 3대째 운영하는 미노마에스트렐리는 100% Italian Fabric, 100% Made in Italy를 원칙으로 한다. 그럼에도 불구하고 가격은 매우 훌륭해서 18 SS 아이템은 리오더를 거듭할 정도로 높은 인기를 얻고 있다.

밀리터리 재킷, 즉 야상은 브랜드의 주요 DNA로 여성스러우며 고급스럽다. 매우 큰 퍼텐셜을 지녀 빠르게 성장하는 브랜드다.

Pas de Calais

since 1998

| High Contemporary | • Japan | Yukari Suda |

파리, 도쿄, 뉴욕에 단독 쇼룸이 있으며 뉴욕 코테리와 파리 트라노이 트레이드 쇼에 참가하는 도쿄 브랜드다. 천연 소재와 천연 염색을 고집하여 전 세계적으로 인정받는 자연주의 브랜드다. 수작업으로 진행하는 일본 전통 천연 염색부터 최첨단 염색기법까지 다양한 테크닉을 통해 면, 리넨, 실크 등 천연 소재를 브랜드 고유의 텍스타일로 만든다.

옅은 브라운, 베이지, 카키, 화이트, 그레이 등이 주를 이루는 이탈리아 컬러 팔레트에 프렌치 시크 셰이프가 결합해 미니멀과 아방가르드를 표방한다.

뉴욕 소호에서 가장 매출이 좋은 숍 중 하나고, 파리 마레 지구에서도 고객 선호도가 매우 높다. 스토어 인테리어도 시크하고 예쁘다.

Stella in Paris
since 2005

| High Contemporary | 🇫🇷 France | Stella Ji & Nazanine Kania |

스텔라인파리Stella in Paris는 파리의 에펠탑이 내려다보이는 트로카데로Trocadéro 광장의 작은 스튜디오에서 탄생했다. 오랜 친구인 스텔라 지Stella Ji와 나자닌 카니아Nazanine Kania가 소수 고객을 위해 만든 PLPrivate Label, 프라이빗 라벨 브랜드였다.

론칭 이후 긴 휴식기를 거친 이들은 2015년 다시 등장했다. 럭셔리 스트리트웨어의 바람을 타고 티셔츠와 스웨트셔츠, 셔츠 등을 중심으로 하는 작은 컬렉션을 내놓으며 브랜드를 리론칭한 것이다. 18 SS 컬렉션은 프릴과 하이 퀄리티의 비즈 자수로 장식된 셔츠, 블라우스, 시원한 드레스 등 매우 여성스럽고 귀여운 아이템이 주를 이룬다. 패피들의 반응이 이미 뜨거워서 다음 시즌이 더욱 기대된다.

파리와 홍콩에 단독 쇼룸이 있다.

Stephan Schneider
since 1994

| Contemporary | 🇧🇪 Belgium | Stephan Schneider |

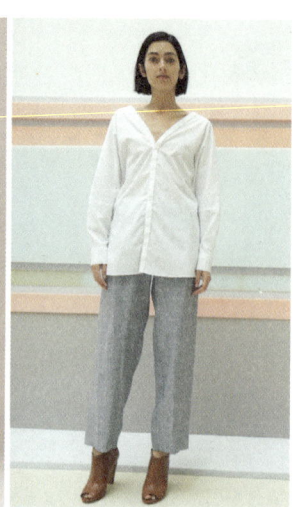

스테판*Stephan Schneider*과 나는 벌써 11년째 인연을 이어오고 있다. 그는 내가 패션계에 발 들인 이래 한 시즌도 빠지지 않고 스페이스눌과 함께 한 디자이너다. 전형적인 유러피안 감성의 파스텔 컬러 팔레트로 똑떨어지고 고급스러운 스타일을 보여준다. 모든 패브릭은 벨기에에 있는 아틀리에에서 개발되어 퀄리티 컨트롤이 확실하다. 잔잔한 파스텔 톤의 체크 셔츠 원피스와 똑 떨어져 고급스러운 재킷, 코트가 시그너처 아이템이다. 띠어리의 고급스러운 유러피안 버전이라 할 수 있겠다.

파리와 벨기에에 단독 쇼룸이 있다. 온라인 쇼핑몰 파페치*Farfetch*와 육스*YOOX*, 핫한 편집숍 오프닝세러모니와 도버스트리트마켓 등에서도 만날 수 있다. 국내에서는 스페이스눌과 신세계 트리니티*Trinity* 등에서 만나볼 수 있다. 2018년 9월 현대백화점 본점과 월드타워 에비뉴엘에 모노브랜드가 오픈한다는 소식도 있다.

Other Showrooms

Epilogue

무모할 것, 도전할 것, 발전할 것

인터넷이 발달하고 온라인 쇼핑이 활성화된 요즘이다. 덕분에 누구나 쉽게 가격 비교를 통해 패션 아이템을 구입한다. 파페치, 육스 등 해외 유명 인터넷 쇼핑몰도 매우 공격적으로 마케팅을 펼치고 있다. 현재의 인터넷 세대가 명품과 컨템의 주요 고객이 될 5-10년 후부터는 더욱 가속화될 전망이다. 높은 수수료를 내고 백화점에 입점해야 하는 일반 패션 회사는 대기업이건 중소기업이건 입지가 좁아질 수밖에 없다. 따라서 해외 패션 브랜드 사업은 앞으로 유통사를 중심으로 전개될 양상이다.

신세계는 오래전부터 해외 패션 브랜드 사업을 전개해 왔다. 국내의 해외 명품 패션 쪽에서는 이미 타의 추종을 불허하는 위치에 있다. 현대 역시 한섬을 인수하며 해외와 내수 브랜드 사업에 뛰어든 지 여러 해가 지났다. 작지만 알찬 백화점을 가진 갤러리아는 아직까지 브랜드 사업을 시작하지 않고 있다. 하지만 다년간에 걸친 바잉 경험이 풍부하므로 언제든지 브랜드 사업을 시작할 수 있을 것이다. 롯데는 퍼텐셜 있는 젊은 바이어들을 어느 유통사보다 많이 보유하고 있다. 덕분에 다양한 브랜드 사업을 시도하고 있지만, 아직까진 뚜렷한 성과 없이 시행착오를 겪고 있는 상황이다.

　유통업계의 패션 브랜드 사업 진출은 막을 수도, 되돌릴 수도 없는 거대한 물결이다. 이 물결은 점점 더 거세게 일고 있다. 리테일 부문의 중소기업이나 다른 패션 대기업이 살아남을 가능성은 점점 줄고 있다. 바로 지금이 기회다. 개인 기업이나 중소기업은 리테일에서 눈을 돌려 홀세일 비즈니스 시장을 겨냥해야 할 때가 온 것이다. 리테일에서 얻은 경험으로 고객의 니즈를 파악하고, 거기에 맞는 브랜드를 골라 쇼룸을 전개해야 한다. 다양한 리테일러를 통해 마켓을 개발하는 일은 매우 흥미롭고 가슴 뿌듯한 일이다.

　국내에서 홀세일 비즈니스, 즉 쇼룸 비즈니스는 완벽에 가까운 블루오션 시장이다. 패션 위크 기간에 파리 마레 지구에 가보면 크고 작은 쇼룸이 엄청나게 많다. 밀라노도 마찬가지다. 가까운 일본만 보아도 쇼룸 비즈니스가 활성화된 지 이미 오래다. 홍콩도 마찬가지다. 파리나 밀라노에서 길을 걷다 보이는 쇼룸에 무작정 들어가보면, 이런 브랜드들이 다 어디서 온 걸까 싶을 정도로 생소한 브랜드가 차고 넘친다. 그중에는 국내 소비자의 눈높이에 맞을 만한 브랜드도 많다. 유통을 소유하고 있지 않은 패션 기업들의 위기는 곧 또 다른 시장 창출의 기회일 수 있다.

그렇다면 국내 패션업계에는 왜 쇼룸 비즈니스, 홀세일 비즈니스가 전무한 걸까? 특히 여러 브랜드를 볼 수 있는 멀티 라벨 쇼룸은 스페이스눌 외에는 거의 없다고 봐도 무방할 정도다. 밀라노, 파리, 홍콩, 일본, 뉴욕 등 다른 패션 도시에는 쇼룸이 넘쳐나는데 우리나라는 어째서 이토록 쇼룸을 찾아보기 힘들까? 답은 우리나라 기업 정서에서 찾을 수 있다.

국내 기업은 해외 쇼룸에서 물건을 오더하는 것은 당연하게 여기면서, 국내 쇼룸에서 물건을 오더하는 것에는 거부감을 보인다. 가격이 같을 경우에도 마찬가지다. 대기업이나 중소기업이나 한국 기업이라면 크기에 관계없이 모두 경쟁사이기 때문에, 경쟁 상대의 물건을 구매하는 상황을 극도로 꺼리는 것이다. 해외의 파트너 브랜드들에게 이런 분위기를 설명하면 다들 이해하기 어렵다는 반응을 보인다. 더 이해하기 힘든 문제도 있다. 바로 국내 대기업들의 횡포다. 국내 기업이 해외 쇼룸에서 오더를 하면, 당연히 해당 쇼룸의 룰을 따른다. 디포짓 30%에 물건이 준비되면 70%의 잔금을 주는 식이다. 그런데 국내 쇼룸이나 국내 협력 업체와 거래할 때에는 사정이 다르다. 쇼룸의 룰이 아닌 대기업 자신들의 룰을 강요하는 것이다. 디포짓이 없는 것은 물론이고 잔금 역시 납품 후, 그것도 검품이 끝나고 난 후 2-3주가 지나서야 주는 대기업도 있다. 작은 업체나 디자이너가 감당하기 힘든 구조다. 이런 프로세스를 개선해나가는 것만으로도 디자이너나 중소기업에게는 매우 큰 도움이 될 것이다. 패션 디자이너나 업체는 을이 아닌, 또 다른 '협력업체'일 뿐임을 명심해야 한다.

쇼룸을 운영하며 삼성, 신세계, 갤러리아, 현대, 롯데, LF 등 대기업은 물론이고 작은 편집숍에서 온 다양한 바이어를 만난다. 보통 바이어 3명 정도가 한 팀이 되어 오는데 그들 상호간의 태도에서, 또 그들이 나와 나의 스텝을 대하는 태도에서 그들 개개인의 인성뿐 아니라 기업 문화를 엿볼 수 있다. 미국에서 공부할 때, 함께 공부하던 동료와 교수들이 나의 행동을 통해 한국이란 나라를 이해한다는 사실을 깨달았다. 성적을 잘 관리하는 것 말고도 행동 하나하나, 말 한 마디에 무척이나 신경을 썼던 기억이 난다. 그들에게 나는 하나의 개인이라기보다 한국인의 한 표본이었다. 미국에서 공부하던 내내, 나는 대한민국을 대표한다는 생각을 가슴 깊이 새긴 채 말하고 행동했다. 바이어도 마찬가지다. 외부에서 보이는 행동, 말, 눈짓 하나가 자신이 몸담고 있는 기업의 이미지요, 얼굴임을 잊어서는 안 된다.

인간관계의 기본은 커뮤니케이션이다. 그리고 그 커뮤니케이션의 기본은 예, 아니오를 분명히 밝히는 것이다. 명백한 의사표현이 무엇보다 중요한 기업 간 거래에서 묵묵부답으로 일관하는 바이어들이 있다. 예의 바르게, 하지만 정확하게 '노No!'라고 말할 줄 아는 태도가 프로페셔널 Professional의 중요한 자질임을 잊지 말자.

열린 눈, 열린 귀, 그리고 열린 마음

바이어는 브랜드 행사나 초대에 언제나 응할 자세가 되어 있어야 한다. 요즘은 프랑스 대사관, 이탈리아 대사관, 스페인 대사관 등에서도 각국의 브랜드를 모아 작은 트레이드 쇼를 진행한다. 막상 가보면 별 게 없을 수도 있다. 하지만 제법 괜찮은 브랜드를 발견할 수도 있다. 그러니 바이어라면 작은 쇼룸이건 큰 쇼룸이건, 해외 쇼룸이건 국내 쇼룸이건 마다하지 않고 찾아가야 한다. 초대장이 오면 브랜드 리스트를 한번 훑어보고 조금이라도 괜찮다 싶으면 무조건 가볼 것을 권한다. 늘 가던 쇼룸만 방문하고 늘 보던 브랜드만 바잉하고 늘 남들이 찾는 브랜드만 오더하면, 그 바이어는 절대 슈퍼 엠디가 될 수 없다. 또한 그런 바이어가 바잉하는 편집숍은 결코 앞서가는 리딩 편집숍이 될 수 없다. 바이어는 주요 브랜드의 주요 패션 행사뿐 아니라 주변 브랜드, 주변 행사도 챙겨야 한다. 늘 열린 눈과 열린 귀, 특히 무엇보다 중요한 열린 마음을 갖고 임해야 한다.

사람들은 내게 "8개나 되는 숍을 운영하는 것도 힘들 텐데, 책도 쓰고 번역도 하고 아이들도 키우고 그 많은 일을 어떻게 다 하세요?"라고 묻는다. 하지만 나는 결코 비범한 사람이 아니다. 천재는 더더욱 아니다. 만약 내게 한 줌의 재능이 있다면 그것은 끊임없는 노력 덕분에 생긴 것이다. 한 걸음 한 걸음 노력하며 앞으로 가다보면 누구라도 자신이 원하는 곳에 도달할 수 있다. 또 누구라도 원하는 사람이 될 수 있다.

이 책을 읽는 미래의 엠디와 현재의 엠디, 또는 패션 관계자 누구라도 나보다는 젊을 것이다. 젊음 안에는 무모할 수 있는 시간이 담겨 있다. 실패해도 다시 시작할 수 있는 힘을 갖고 있다는 뜻이다. 나는 이 책을 읽는 모든 독자에게 말하고 싶다. 무모할 것, 도전할 것, 발전할 것을 당부한다.

백화점에 브랜드 하나를 입점시키려면, 그 브랜드는 다양한 옷을 갖춘 풀 컬렉션 브랜드여야 한다. 그러나 홀세일에서는 시즌성이 강한 옷도, 한 품목만 강한 브랜드도 선보일 수 있다. 작아도 개성이 뚜렷한 브랜드라면 해볼 만하다. 구스다운 패딩으로 유명한 에이디디나, 야상 재킷과 코트로 유명한 프로젝트포체Project Force 등은 시즌성이 강한 브랜드로, 이미 국내에 홀세일 망을 개발하여 유지하고 있다. 2017년 겨울 스페이스눌을 통해 선보였던 귀엽고 개성 강한 이탈리아 아우터웨어 브랜드 프론트스트리트8 역시 매우 훌륭한 쇼룸 브랜드다. 오피스 레이디들의 유니폼이라 할 수 있는 이큅먼트Equipment는 블라우스와 셔츠로 유명하다. 이렇게 단품이 강한 브랜드, 또는 작지만 단단한 캡슐 컬렉션을 가진 브랜드도 쇼룸 브랜드로 안성맞춤이다. 앞으로 이런 저런 재미난 쇼룸들을 국내에서 만나볼 수 있게 되길 바란다.

《패션 MD》바잉 편을 통해 '어떻게'를, 브랜드 편을 통해 '무엇을' 그리고 쇼룸 편을 통해 '어디서'까지에 관한 정보를 나누었다. 11년간 많은 시행착오와 숱한 고생을 하며 쌓아온 슈퍼 엠디로서의 노하우를 하나라도 더 나누려 최선을 다했다. 이제 그것을 얼마만큼 활용할 것인가는 책을 읽는 미래 엠디들의 의지와 열정에 달렸다.

불가해한 운명은 러시아 문학을 사랑하던 인문학 박사를 패션계로 들여보냈다. 《패션 MD》 시리즈 집필로 그 운명이 부여한 의무 가운데 절반쯤은 완수한 게 아닐까. 나머지 절반은 나의 노하우를 실제에 접목하여 태어나게 될 여러분의 프로젝트를 통해 완성되리라 믿는다. 작게는 서문에서 소개했던 다앤딧과 같은 새로운 편집숍을 만드는 프로젝트가 될 수도 있고, 크게는 대기업과의 협업을 통해 라이센싱 브랜드가 전개될 수도 있다. 책을 쓰는 것만큼 흥미로우면서도 실제적인 도움이 될 프로젝트들이다. 이론과 실제, 경험과 노하우가 만나는 완성작을 기대해본다.

3년에 걸친 《패션 MD》 시리즈가 쇼룸 편으로 끝을 맺게 되었다. 이 시리즈에는 아무 도움 없이 험난한 길을 혼자 힘으로 헤집고 간 선배의 경험이 녹아 있다. 모쪼록 나의 글이 "여기 돌이 있으니 돌아가세요, 저기 웅덩이가 있으니 피해가세요, 여기는 이 다리를 이용해 건너가세요"라고 알려주는 길잡이가 되기를 바란다. 후배 엠디들은 나보다 덜 힘들고 덜 실수하고 덜 넘어지기를 온 마음으로 바란다. 편집숍을 운영하고자 하는 미래의 오너들에게도 돈과 시간을 아낄 수 있는 실제적 팁이 되기를 바란다.

  책 하나를 세상에 내어놓는 것은, 마치 아이를 낳듯 심리적 물리적으로 기가 쇠하는 작업이다. 혼자라면 절대 할 수 없는 일이다. 그래서 책 하나가 나올 때마다 물심양면으로 도움을 주신 고마운 분들의 리스트 또한 길어진다. 특히 바쁜 패션 위크 중에도 이 책의 취지를 이해하고 인터뷰에 적극 응해준 쇼룸의 오너들과, 훌륭한 사진과 자료를 제공해준 쇼룸의 마케팅 관계자분들께 진심으로 감사드린다. 브랜드 하나하나를 애정으로 보살피는 스페이스눌의 스텝 김시연, 차지수, 서유리 님에게도 이 자리를 빌려 고마운 마음을 전한다. 나를 위해 온갖 힘든 일을 자청해 떠맡고 이 책에 실린 멋진 사진들을 찍어준, 가방모찌이자 찍사이자 패셔니스타인 Alice K.W. Song에게도 진심으로 감사하다는 말을 전한다.

나의 스크립트와 사진을 편집하여 이토록 시크하고 멋진 책으로 만들어준 21세기북스 편집팀에게도 무한한 감사를 드린다.

세상은 참으로 감사할 것투성이다.

KI신서 7731

패션MD 3
SHOWROOM

1판 1쇄 인쇄 2018년 8월 27일
1판 1쇄 발행 2018년 9월 15일

지은이 김정아
펴낸이 김영곤 박선영
펴낸곳 (주)북이십일 21세기북스

실용출판팀장 김수연 **책임편집** 이지연 남연정 장인서 이보람
디자인 elephantswimming
출판영업팀 최상호 한충희 최명열
출판마케팅팀 김홍선 최성환 배상현 이정인 신혜진 나은경 조인선
홍보팀 이혜연 최수아 박혜림 문소라 전효은 염진아 김선아
제작팀장 이영민

출판등록 2000년 5월 6일 제406-2003-061호
주소 (10881) 경기도 파주시 회동길 201 (문발동)
대표전화 031-955-2100 팩스 031-955-2151 이메일 book21@book21.co.kr

(주)북이십일 경계를 허무는 콘텐츠 리더
21세기북스 채널에서 도서 정보와 다양한 영상자료, 이벤트를 만나세요!
페이스북 facebook.com/21cbooks 블로그 b.book21.com
인스타그램 instagram.com/book_twentyone 홈페이지 www.book21.com

ⓒ 김정아, 2018
ISBN 978-89-509-7678-1 13320

· 책값은 뒤표지에 있습니다.
· 이 책 내용의 일부 또는 전부를 재사용하려면 반드시 (주)북이십일의 동의를 얻어야 합니다.
· 잘못 만들어진 책은 구입하신 서점에서 교환해드립니다.